El humor en Platón

Jonathan Lavilla de Lera
Javier Aguirre Santos (eds.)

El humor en Platón
Humor y filosofía a través de los diálogos

Introducción de Jonathan Lavilla y Javier Aguirre

Textos de Gregorio Luri, Xavier Ibáñez, Einar Monroy, Javier Aguirre, Beatriz Bossi, Zbigniew Nerczuk, María Jesús Hermoso, Daniel Salgueiro, Jonathan Lavilla, Bernat Torres y Marcelo Boeri

DOBLE J
EFIALTES
2018

Colección **Efialtes**. Serie Filosofía

Consejo Editorial
   José Luis Bellón Aguilera, Universidad de Brno
   Francisco Manuel Carballo Rodríguez, Universidad de Cádiz
   Jorge Costa Delgado, Investigador
   Oliver Dowlen, Research Group on Democratic Procedures (PROCEDEM), Sciences Po
   Juan José Gómez Gutiérrez, Universidad del País Vasco
   Liliane López-Rabatel, Institut de recherche pour l'architecture antique – CNRS-Lyon 2
   Francisco Javier Moreno Gálvez, CIESPAL
   José Luis Moreno Pestaña, Universidad de Granada
   Adriana Razquin Mangado, Universidad de Jaén
   Yves Sintomer, Institut Universitaire de France
   Arnault Skornicki, Institut des Sciences Sociales du Politique, Université Paris Ouest, Nanterre-La Défense
   Francisco Vázquez García, Universidad de Cádiz

Imagen de portada: Máscara de Paposileno, Siglo I. a.c.
Col. Fondazione Sorgente Group, Roma.

© de la edición: Jonathan Lavilla de Lera y Javier Aguirre Santos
© de los textos: sus autores

Edita: Editorial Doble J
Avda. Cádiz 4, 1º C
41004 Sevilla, España
ISBN: 978-84-96875-69-2
www.editorialdoblej.com

ÍNDICE

Introducción
Jonathan Lavilla y Javier Aguirre... i

I. La ironía como forma pública de la teoría
Gregorio Luri.. 1

II. Estancias. La ironía platónica y el *pathos* de la distancia
Xavier Ibáñez.. 17

III. La carcajada de Platón sobre la utilidad de la filosofía
Einar Monroy.. 35

IV. Goethe sobre el *Ion*, diálogo aristofanesco
Javier Aguirre.. 51

V. Un chascarrillo sarcástico en el *Laques*
Javier Aguirre.. 69

VI. El *Eutidemo*, teatro del absurdo
Beatriz Bossi.. 81

VII. La dimensión cómica del discurso de Sócrates en el *Gorgias*
Zbigniew Nerczuk.. 99

VIII. La ironía socrática en el Banquete platónico: eros y belleza
María Jesús Hermoso.. 119

IX. Sócrates infiltrado: ironía y juego etimológico como estrategias refutatorias en el *Crátilo* de Platón
Daniel Salgueiro 133

X. El humor socrático y el humor platónico
Jonathan Lavilla 153

XI. Ridículo, ignorancia y malevolencia.
El tratamiento de lo cómico en el *Filebo* de Platón
Bernat Torres 171

XII. Broma, sentido del humor y argumento en Platón
Marcelo Boeri. 187

Sobre los autores 209

Introducción

Jonathan Lavilla y Javier Aguirre

En el libro primero de *De Officiis* [*Los deberes*] Cicerón señala que «hay dos maneras de bromear: una burda, descarada, vergonzosa y obscena; la otra elegante, fina, aguda y jovial. De esta última están repletos no solo nuestro compatriota Plauto y la comedia ática antigua, sino también *los libros de los filósofos socráticos*» (I, 104). En un principio, podría sorprender que el autor latino vincule expresamente las obras de los filósofos socráticos a Plauto y la Comedia Antigua. Y sin embargo, ya el propio Aristóteles se había lamentado al comienzo de su *Poética* de no tener «nombre común para un mimo de Sofrón o de Jenarco y para un diálogo de Sócrates» (1447b9). La relación literaria de Platón con el poeta Sofrón, autor siciliano famoso por sus *mimos*, composiciones humorísticas de carácter popular que versaban sobre la vida cotidiana de su Sicilia natal, parece haber sido comúnmente asumida por la tradición grecolatina, pues también es señalada por autores como Quintiliano (*Instituciones Oratorias* I, VIII) y Diógenes Laercio (III, 11). En este sentido, es conocida la anécdota recogida por este último (III, 18), según la cual Platón introdujo en Atenas las obras de Sofrón e incluso dormía con ellas. El historiador Duris de Samos (ca. 340-270) llega más lejos, al insinuar que Platón se inspiró en los mimos de Sofrón para la composición de sus diálogos (*FGrHist* 76 F 72). ¿Qué pudo ocurrir por el camino para que durante casi dos mil años el recurso al humor, tan presente en la obra de Platón, haya pasado prácticamente desapercibido, al tiempo que se recuerda bien la anécdota que Diógenes Laercio (III, 16) pone en boca de Heráclides, según la cual «Platón, aún de joven, era tan vergonzoso y modesto, que nunca rió sino moderadamente»?

El devenir de la propia tradición platónica en la Antigüedad apunta a la respuesta que cabe dar a la cuestión, pues la lectura *seria* de la obra de Platón que ha dominado en nuestra tradición no es ajena al temprano protagonismo que adquirió la interpretación neoplatónica de las obras del filósofo ni a la presencia fundamental que el pensamiento neoplatónico tuvo en el largo proceso de elaboración doctrinal del cristianismo a partir del siglo II. Efectivamente, tanto el neoplatonismo pagano de Plotino como el cristianismo de Orígenes, por señalar las dos figuras más destacadas de esa tradición, limpiaron la obra platónica de la presencia de elementos cómicos, a los que no concedieron particular relevancia filosófica. Sólo la *ironía* socrática, potente herramienta mayéutica, pero no necesaria ni principalmente cómica, será valorada como recurso eficaz en los diálogos de Platón, dejando de lado toda otra manifestación que pudiera aparecer como una concesión al humor. En este sentido, hay que recordar que el propio Cicerón había dejado escrito en *De Oratore* [*Sobre el orador*] que «en esto de la ironía y del disimular Sócrates aventajó con mucho a todos en encanto y calidad humana. Es un procedimiento especialmente elegante, no sólo gracioso dentro de la seriedad y de las fintas oratorias, sino apropiado a una conversación apropiada» (II, 270).

Hay que señalar, por otro lado, que el olvido del humor en la obra de Platón condicionó con frecuencia y de modo significativo la recta comprensión de los diálogos. Así, nadie deja de sorprenderse al leer la interpretación que el gran Marsilio Ficino, cima del neo-

Introducción

platonismo renacentista y traductor de la obra de Platón y Plotino, desplegara en su delicioso *De furore Poetico* [*Sobre el furor divino*] en torno al *Ion* platónico, diálogo en el que el pensador florentino no percibe rastro de humor, ironía o burla, sino la seria descripción de la inspiración divina, que es descrita como «la iluminación del alma racional, por la cual dios atrae el alma caída desde las alturas, y la devuelve a ellas desde abajo». Obvia decir que tal comprensión sólo cabe inferirla de una interpretación *demasiado* seria de los contenidos del breve diálogo platónico y que ningún platonista aceptaría hoy. Pero lo llamativo es que cuando tres siglos después el platonista y teólogo protestante Schleiermacher decida romper con los excesos de la lectura neoplatónica de Platón, rechazará la inclusión del *Ion* en el *corpus* platónico por considerar su humor impropio del filósofo ateniense. O como ya había expresado el poeta Goethe en su combativo texto *Plato als Mittgenosse*, por tratarse de un diálogo *aristofanesco* impropio de Platón.

Frente a esta actitud, el presente volumen pretende ofrecer una vía de acceso a la poco trabajada cuestión del humor en Platón. El volumen da pie a pensar que, pese a que Platón concibiese la filosofía como una actividad de máxima enjundia y gravedad, encargada, entre otras cuestiones, de indicarnos cómo debe vivir el ser humano, también era consciente de que en la vida y en el pensamiento se requiere de cierta dosis de humor. Se requiere del humor para no ahogar el esfuerzo, tal como nos lo han recordado el escita Anacarsis, cuando afirmaba: *diviértete para actuar con seriedad* [παίζειν δ' ὅπως σπουδάζῃ], o el egipcio rey Amasis, quien señalaba que del mismo modo que un arco siempre tenso se rompe, un hombre que constantemente estuviese seriamente ocupado [κατασπουδάζομαι] y sin entregarse en ciertos instantes a la diversión [παιγνία] tornaría loco o inútil (Heródoto, *Historia*, II, 173, 12). En consonancia con el escita y el egipcio, también Aristóteles reconoce (*Ética a Nicómaco*, 1176b33-1177a1) que es indispensable saber divertirse para poder vivir de la manera más seria y esforzada.

Esa misma actitud la podemos comprobar en la obra del Académico, donde el recurso al humor no se reduce a la comentada ironía socrática, sino que también encontramos bromas entre los personajes, juegos de palabras, imitaciones paródicas de personajes célebres, chascarrillos graciosos, burlas y comedia de situaciones. Es más: podría pensarse que la propia concepción platónica del diálogo, entendido como drama literario, lleva consigo la broma para con el lector, pues pese a ser mencionado en tres ocasiones —dos en la *Apología* y una en el *Fedón*—, el filósofo ateniense nunca habla por voz propia en sus diálogos. A esto, que de por sí supone cierta distancia entre el autor y su obra, debe añadirse que muchos diálogos están narrados en estilo indirecto, mediante algún interlocutor que recuerda cierta conversación —o incluso mediante un interlocutor que recuerda lo que otra persona le narró de memoria acerca de lo escuchado en el pasado— o mediante la lectura de un texto que recoge la conversación representada en el diálogo. Parece como si con cierta sorna, Platón hubiese potenciado tantos siglos de hermenéutica platónica, al subrayar la transmisión indirecta y privar al lector de un mensaje propio, claro y directo.

En fin, encontramos un extenso y variado repertorio de recursos cómicos puestos al servicio de la eficaz transmisión de contenidos serios. Porque, no hay que olvidarlo, el humor en Platón está sometido a la expresión eficaz, tanto del modo de transmisión filosófica como de sus propios contenidos. Con la intención de descifrar las claves que permitan comprender mejor el uso del humor en los diálogos platónicos presentamos este volumen colectivo en el que once autores abordan distintos aspectos de la cuestión.

En «La ironía como forma pública de la teoría», Gregorio Luri presenta la ironía de los diálogos no como un mero recurso metodológico de la dialéctica socrática ni un capricho tragicómico de Platón, sino como la figura pública de la teoría consciente de sí misma. O, dicho de otro modo, de la individualidad filosófica consciente del teatro de la vida política. Las cosas humanas, contempladas a la distancia teórica adecuada, serían más dignas de la risa de Demócrito que de las lágrimas de Heráclito. Y si Sócrates es el irónico que contempla el mundo, Platón es el irónico que contempla a Sócrates.

En «Estancias. La ironía platónica y el pathos de la distancia», Xavier Ibáñez Puig muestra que la ironía es un tipo de humor que nos hace sonreír más que reír a carcajadas. A menudo la acompaña un cierto halo de tristeza, cuando lo que nos hace sonreír es lo desencajado de una situación que en realidad no es cómica sino trágica. El efecto cómico no viene entonces del hecho en sí, sino de la perspectiva con la que decidimos mirarlo. El autor pretende mostrar que tal es la mirada que Platón nos propone en todos sus diálogos; que hay una ironía platónica que no debe ser confundida con la ironía socrática.

En «La carcajada de Platón sobre la utilidad de la filosofía», Einar Iván Monroy Gutiérrez trata las distintas imágenes que se ha difundido de Platón. Una imagen, ampliamente difundida, es la del frío dialéctico que se muestra de soslayo en el elenco [ἔλεγχος] socrático, del que la ironía es parte; en menor medida tenemos al Platón que se vale del mito cuando la argumentación no ha sido suficiente; pero ha sido muy escasa una lectura del Platón que se vale del humor como recurso didáctico. El autor trata la utilidad filosófica de la risa en algunos diálogos.

En «Goethe sobre el *Ion*, diálogo aristofanesco», Javier Aguirre analiza la dura crítica que Goethe despliega contra el traductor y poeta Stolberg por haber incluido el *Ion* en el *corpus* platónico, cuyo contenido considera aristofanesco e impropio del filósofo ateniense. El autor presenta las críticas de Goethe al diálogo y analiza hasta qué punto puede ser considerado un diálogo aristofanesco. Seguidamente, en «Un chascarrillo sarcástico en el *Laques*», Javier Aguirre analiza también el papel que en el diálogo sobre la valentía desempeña un chascarrillo traído a la conversación por el general Laques a cuenta de los ejercicios de *hoplomachía* ofrecidos por Estesíleo.

En «El *Eutidemo*, teatro del absurdo», Beatriz Bossi explora las razones por las cuales Sócrates practica un recurso «oscilante» que, por momentos, simpatiza con los sofistas y se humilla ante ellos con tal de ser aceptado como alumno suyo, y por momentos, los ataca con guante blanco, pero con certera precisión. La autora defiende que esta doble estrategia tiene como finalidad generar en los jóvenes presentes dos tipos de respuesta: por una parte, una cierta destreza intelectual para detectar contradicciones y falacias en el discurso sofístico; por otra, un proceso emocional progresivo que, partiendo de la indignación, acaba en la burla. El recurso humorístico se vuelve así doblemente eficaz: la ironía filosa y aguda de Sócrates contribuye a desarticular, implícitamente, las argucias de la sofística, en tanto que el humor mordaz es la respuesta emocional con la que los jóvenes pueden desmitificar la poderosa atracción que ejerce la sofística.

En «La dimensión cómica del discurso de Sócrates en el diálogo *Gorgias* (464b2-466e3)», Zbigniew Nerczuk defiende que el discurso de Sócrates, que constituye un compendio de su discusión con el rétor Gorgias acerca la retórica (464b2-466e3), forma parte de la estrategia polémica empleada por Platón, en la que el humor juega un papel fundamental. Con ayuda del método de la división, Sócrates desacredita la retórica (tal y como la presenta Gorgias), comparándola con la sofística, la cosmética y la cocina, llamándolas a todas ellas *adulaciones*.

En «La ironía socrática en el *Banquete* platónico: eros y belleza», María Jesús Hermoso defiende a partir del *Banquete* la tesis de que la ironía de Sócrates es la ironía de Platón, que ambas son difícilmente escindibles, de modo que el filósofo hace suyo este rasgo socrático hasta convertirlo en el ambiente mismo de sus diálogos. Por ello la interpretación que se haga de la ironía —inocente o mordaz, superficial o profunda— decantará la lectura que se haga de su obra.

En «Sócrates infiltrado: ironía y juego etimológico como estrategias refutatorias en el *Crátilo* de Platón», Daniel Salgueiro Martín analiza los tintes humorísticos de que se sirve Sócrates en el *Crátilo* para desarmar la tesis del personaje homónimo del diálogo y, con ello, ofrecer a la vez una salida epistemológica a la ambigüedad del veredicto lingüístico socrático. A juicio del autor, la ironía que colma la sección central del texto, en la que Sócrates emprende una descabellada defensa de la postura naturalista, constituye el mecanismo principal de su estrategia refutatoria; sólo a través de su correcta detección puede iluminarse el mensaje que el vaivén argumentativo de Sócrates parece oscurecer.

En «El humor socrático y el humor platónico», Jonathan Lavilla de Lera plantea que, por más que los diálogos platónicos aborden cuestiones graves o traten de transmitir un mensaje crucial para la ciudad, lo cierto es que están repletos de chanzas de todo tipo. Es más, para esclarecer lo que Platón plantea en cada obra, resulta necesario comprender la función que desempeña el humor en la estrategia escritural platónica. El autor ofrece algunas pistas al respecto, advirtiendo de algunos de los distintos niveles de humor que se ponen en juego y mostrando hasta qué punto resulta nuclear el humor en la transmisión de la filosofía platónica.

En «Ridículo, ignorancia y malevolencia. El tratamiento de lo cómico en el *Filebo* de Platón», Bernat Torres Morales argumenta que la experiencia cómica, descrita a partir de las nociones de ridículo, ignorancia y malevolencia, persigue en el *Filebo* completar unas explicaciones sobre las distintas mezclas entre placer y dolor que constituyen nuestra existencia cotidiana. En el trasfondo de la descripción socrática encontramos elementos intra- y extradialogales que nos permiten entender en más profundidad las experiencias vinculadas al ridículo y lo cómico así como el arte de la escritura platónica. La disputa entre la filosofía y la poesía, y también la disputa entre la filosofía y la ciudad, se sitúan en el trasfondo de todas estas cuestiones.

Finalmente, en «Broma, sentido del humor y argumento en Platón», Marcelo D. Boeri discute algunos pasajes platónicos en los que el recurso al humor resulta importante no sólo para el desarrollo dramático del diálogo, sino también para el progreso del argumento. El autor sostiene que el tono de burla de Sócrates respecto de sus eventuales interlocutores en los diálogos de Platón tiene una especie de «carácter correctivo», que resulta útil para neutralizar la arrogancia epistémica.

Queremos mostrar nuestro agradecimiento a todos y cada uno de los autores y a Juan José Gómez Gutiérrez, responsable de la editorial Doble J, por todo el trabajo e ilusión puestos en este proyecto.

Jonathan Lavilla y Javier Aguirre
Donostia-San Sebastián, agosto de 2018

I. La ironía como forma pública de la teoría

Gregorio Luri

1. Introducción

El socratismo es una sospecha y una decisión. Una sospecha de que detrás de nuestras convicciones pueda haber siempre latente una pregunta que aún no hemos alcanzado a hacer patente. Una firme decisión de mantener inquebrantable la fe en la razón, sean las que sean las decepciones que la búsqueda de la sabiduría nos depare. Dado que el encaje entre la sospecha y la decisión es problemático, el socratismo puede entenderse como la vivencia irónica de esta problematicidad y el platonismo, como la vivencia irónica del socratismo.

Entiéndase bien: tomarse las dificultades irónicamente no significa ni menospreciarlas ni menospreciarse, sino estar dispuesto a distanciarse críticamente del mundo y de uno mismo.

Aceptamos como evidente que Sócrates fue históricamente un filósofo irónico y, filosóficamente, el portavoz de Platón, pero nos apresuramos a desmontar el contenido filosófico de estos dos hechos. Por eso nos cuesta entender las razones por las cuales Atenas se tomó su actitud como una afrenta. Leyendo los diálogos de Platón se tiene frecuentemente la sensación de que Atenas hubiera respetado a un Sócrates que llorase como Heráclito, pero no se encontraba cómoda con un Sócrates que reía como Demócrito. Los testimonios nos permiten creer que las palabras de Trasímaco en el primer libro de la *República* eran compartidas por muchos atenienses: «¡Ya está aquí la ironía habitual de Sócrates! Ya lo sabía de antemano y había alertado a estos que no querrías responder, que simularías y que harías cualquier cosa antes de responder si alguien te hacía una pregunta[1]» (*República* 337a). Pero si Platón eligió a Sócrates como portavoz, sus diálogos han de ser leídos con atención. No en vano, el mismo Platón que necesita advertir a sus lectores de que no hagan a Sócrates más caso que a la verdad (*Fedón* 91c), nos muestra a Sócrates y nos elude la verdad. Más aún: nos presenta a Sócrates de tal manera que inmediatamente lo tomamos como aliado filosófico en la lucha contra lo otro de la filosofía, la sofística. De esta manera nos podemos permitir sentirnos moralmente superiores a sus adversarios. Podemos sentir, incluso, que nos duele un poco nuestra ignorancia, pero sobrellevamos este ligero dolor con distinción porque pensamos que nos ayuda a conocernos a nosotros mismos. ¡Qué nobleza de sentimientos, la nuestra! No se nos ocurre pensar que ningún ignorante habla tanto de su ignorancia como Sócrates, no vaya a ser que la ignorancia socrática nombre el carácter elusivo de la verdad (incluyendo la verdad sobre nosotros mismos).

Entendemos que cuando Teodoro comenta que Sócrates no suelta sus presas «sin obligarles a desnudarse» y a medirse con él dialécticamente (*Teeteto* 169a), nosotros somos los aliados de Sócrates, no sus presas. Cuanto más ridículo se nos antoja un interlocutor socrático, más seguros estamos de que no tenemos nada que ver con él. Pensemos en Eutifrón. Aunque su nombre significa *el que piensa bien*, este fatuo carece de la más mínima representación de su ignorancia. No se nos pasa por la cabeza preguntarnos si estamos muy lejos de él cuando nos reímos de lo que dice. Sin embargo, es más que probable que un lector narcisista esté incapacitado para entender la ironía (el arte de la distancia con respecto a uno mismo). Cuando Teodoro (*Teeteto* 165a) le pide a Sócrates que no lo interrogue a él, sino a su joven discípulo, porque «si se equivoca será menos humillante», quizás debiéramos preguntarnos a nosotros mismos si no tenemos algo de Teodoro. A Platón no conviene leerlo ni desde un pedestal ni desde un reclinatorio.

Se supone que Sócrates y los sofistas juegan en campos diferentes. Sócrates —y nosotros, sus aliados— en el de la verdad; los sofistas, en el de las apariencias. Pero mientras disponemos de abundantes textos que nos muestran a Sócrates como protréptico, como impulsor hacia la verdad y hacia la virtud, no tenemos ni uno que nos muestre a nadie reconociéndole a Sócrates que gracias a su ayuda ha logrado culminar el camino de la virtud. Sí disponemos de algunos (*Clitofonte*) que nos muestran a un discípulo de Sócrates cansado de seguir sus pasos, que opta por la compañía de los sofistas (de Trasímaco, en concreto). Si tuviéramos que evaluar la capacidad pedagógica de Sócrates por sus efectos en Alcibíades —sin duda el discípulo al que dedicó más atención— las conclusiones serían tan inquietantes como las que nos surgen en las ocasiones en las que vemos a Sócrates abandonando el diálogo a pesar de que sus interlocutores consideran que es necesario discutir más a fondo ciertos puntos (*Filebo*).

2. *Sócrates retórico*

Comencemos reconociendo que Sócrates no es ningún ingenuo y, sobre todo, que es mucho menos ignorante de lo que le gusta aparentar. Ningún lector atento podrá negar que es un consumado maestro en el uso de estrategias retóricas, digan lo que digan los manuales de historia de la filosofía.

En el momento de mayor gravedad de su vida, ante el jurado que puede condenarlo a muerte, se permite este juego de palabras: «No convendría, atenienses, que un hombre de mi edad compareciera ante vosotros con un discurso meticulosamente preparado, como un aprendiz» (17c). Lo que traduzco por *discurso meticulosamente preparado* sonaba en griego de esta manera: *plattonti logous*. El verbo *plasso* significa formar, modelar, fingir... Pero en su forma *plattonti* posee un evidente eco platónico.

Incluso el argumento central de su defensa es un juego de palabras. Si su principal acusador, Meleto [*el que se preocupa, el que atiende a ..., el que cuida de...*], lo acusa de no preocuparse ni de los dioses de Atenas ni de los jóvenes, es decir, de ser un negligente [un *a-meles*], Sócrates se presenta a sí mismo como el genuino cuidador [*meletos*] y a Meletos lo acusa de negligencia [*ameleia*] con los jóvenes, los dioses y la ciudad (20a, 20c, 21b, 22b, 24c, 24d, 25c, 26b, 29d-e, 30a, 30c, 31b, 31d, 32a, 32d, 35d, 36b, 36c, 38b, 38e, 39c, 40a, 40b, 40c, 41d, 41e).

Todo el *Menéxeno* es una argucia retórica que tiene el propósito de ridiculizar la imagen que Atenas posee de sí misma jugando con el vocabulario de la *politeia* democrática, como *eugeneia, trophe, paideia, arete, isonomia* o *autoctonia*. A Sócrates no le importa utilizar una ironía políticamente humillante al decir que si a Atenas le corresponde alguna culpa en la guerra del Peloponeso es la de haber sido excesivamente compasiva y haber estado siempre al servicio de los pobres (244e).

Si en el *Hipias Mayor* el sofista Hipias se jacta de su capacidad memorística, en el *Hipias Menor*, Platón nos muestra a un Sócrates que tiene que ir recordando los pasos del razonamiento que desarrollan conjuntamente, porque se le olvidan al sofista. Demuestra ante un Hipias jactancioso de sus triunfos retóricos, que en un diálogo filosófico el que gana es el que pierde, porque es el único que ha aprendido algo, pero que hay que estar muy seguro de uno mismo para aceptar esta evidencia. Conviene tener esto presente para entender el cara a cara que mantiene con Eutidemo. Éste defiende que es imposible equivocarse, pues siempre que se habla se dice algo que es y lo que es, es verdad que es. Sócrates le contesta: «Te haré una pregunta bastante trivial. Mira: si no podemos ni engañarnos ni tener ideas equivocadas, es imposible equivocarse cuando se hace algo». «Efectivamente», contesta Eutidemo. «Pues ahora —sigue Sócrates— te hago la pregunta vulgar: Si no nos equivocamos ni de pensamiento, ni de palabra ni de acción, ¿Qué hacéis vosotros presentándoos como maestros?». O lo que es lo mismo: ¿Si no nos equivocamos, cómo podemos aprender?

Es muy probable que el mismo Platón acuñara el término «retórica», pero lo presenta de tal forma que, a diferencia de *eristike, antilogike* o *dialectike*, al lector le cuesta imaginarse esta posibilidad (*Gorgias* 448 c-d).

3. Sócrates como figura irónica

Que un retórico consumado utilice el recurso de la ironía, no tiene nada de sorprendente, pero que él mismo sea una figura irónica es más llamativo.

Uno está tentado a pensar que los lectores modernos de Platón sienten mucho más respeto por Sócrates que el que sintieron sus discípulos, que no tienen inconveniente en descubrir sus defectos. Platón considera digno de ser relatado el día del año 416 en que se lavó los pies para asistir a la fiesta de su amigo Agatón con motivo del triunfo de éste en un certamen dramático. Se acicaló con tan desacostumbrada meticulosidad que llegó incluso a ponerse sandalias, despertando la curiosidad entre sus allegados.

A la fiesta de Agatón acudió también Alcibíades, de quien Platón nos transmite una descripción de Sócrates que se ha hecho famosa:

Para mí es semejante a uno de esos silenos que pueden encontrarse en los talleres de los escultores, esculpidos con caramillos o flautas y que, al ser partidos en dos, aparecen con estatuas de dioses en su interior. Y más en concreto, a quien se parece es al sátiro Marsias. Y ni siquiera tú, Sócrates, podrás negar que te parezcas a él. No sólo en el físico, también en el carácter, pues eres insolente y embaucador, pero así como los silenos cautivan con la música de sus flautas tú lo haces con el poder de tus palabras, capaces de poner fuera de sí a quien te oye, sea hombre o mujer (215a-b).

En estas palabras se encuentra el nacimiento de la imagen del Sócrates silénico, de tanta fortuna entre los escultores, que estimulará vivamente la imaginación de renacentistas como Bruno, Pico della Mirandola, Erasmo, Rabelais o el navarro Huarte de San Juan. Pero definir a Sócrates como sileno equivale a afirmar su extraña singularidad (a la que el mismo Alcibíades califica de *atópica*). Pero incluso Sócrates reconoce en su defensa ante el jurado que es diferente de todos los demás hombres (29b).

«Insolente y embaucador» ¡Ahí es nada! Pero reconozcamos que muchos atenienses no veían nada embaucador en su insolencia.

Se ha resaltado con frecuencia la escena de la irrupción de Alcibíades en el *Banquete*, pero se suelen pasar por alto sus elementos irónicos. Por ejemplo, si Diotima concluye su discurso elogioso de Eros afirmando que la cumbre del ascenso erótico está marcada por una revelación que se presenta *de repente* [*exaiphnes*], cuando Alcibíades irrumpe en el banquete de Agatón, lo hace *de repente* [*exaiphnes*]. Pero si en el discurso de Diotima —que es un elogio de Eros— está claro quien ama y qué es lo amado, en el discurso de Alcibíades —que es un elogio de Sócrates—, no acabamos de saber quién de los dos es el amante y quién el amado. El *Banquete* concluye con una magnífica ironía. La noche es larga y poco a poco se van durmiendo los presentes, excepto Agatón (autor de tragedias), Aristófanes (autor de comedias) y Sócrates. Los tres debaten sobre la posibilidad de que un mismo individuo pueda escribir comedia y tragedia. Sócrates, que es ágrafo, es el único que lo cree posible. ¡Qué grande nos parece Sócrates! El problema es que no acabamos de ponernos de acuerdo sobre qué párrafo de Platón ha de interpretarse como una comedia o como una tragedia. Por ejemplo, el discurso de Aristófanes en el *Banquete* se ha leído como una broma, una pirueta platónica, una fábula ridícula, una fantasía, una poetización, un discurso cómico con la paradójica propiedad de ser trágico, una exposición teológica, etc. Cuando Trasilo ordena los diálogos platónicos por tetralogías, de acuerdo con el orden como se representaban las tragedias, considera que el cuarto diálogo es una comedia. Si tuviera razón, habríamos de leer irónicamente el *Fedón*, el *Político*, el *Fedro*, el *Lisis*, el *Menón* o el *Critias*. Parece excesivo, pero la propuesta de Trasilo es inquietante.

Tragedia y comedia se encuentran frecuentemente enzarzadas en los diálogos, como podemos verlo en un famoso pasaje del *Gorgias*, aquel en el que Calicles sostiene proféticamente que toda la fuerza que presenta Sócrates en el diálogo cara a cara, no le serviría de nada ante un tribunal. Su dominio del lenguaje no lo libraría de una condena a muerte. Sócrates le confiesa que sus dificultades no serían para él vergonzosas. «Me pareces sorprendentemente seguro de que nunca te ocurrirá nada semejante», le dice Calicles (521c). Sócrates le responde que se vería a sí mismo como un médico acusado por un pastelero ante un tribunal formado por niños (521e-522c). Calicles no entiende lo que quiere decir Sócrates. Es difícil que lo entienda, siendo un demócrata.

4. La distorsión voluntaria de la realidad

Si, como dice acertadamente Nietzsche, en torno a un héroe todo se vuelve tragedia, en torno a un irónico, ¿qué ocurre? Ocurre que la realidad se distorsiona hasta mostrarnos sus entretelas y costuras. Los lectores directos de Platón, que estaban al tanto de su historia colectiva, eran más conscientes de esta distorsión que nosotros. Sabían, por ejemplo, qué ridículo era presentar a Nicias (en el *Laques*) como el único que parece saber qué es el coraje, hasta el punto de afirmar que se trata de una ciencia que nos permite conocer los bienes y males del futuro. Pero Nicias, cuando quería conocer el futuro, hacía sacrificios a los dioses y analizaba las vísceras de las víctimas. Y precisamente por hacer más caso a ellas que a las normas elementales de la estrategia militar, fue responsable de la derrota de los atenienses en Sicilia. Cuando al final del diálogo reconoce que no sabe qué es el coraje, el lector ateniense deducía que su ignorancia le había costado muy cara a la ciudad. Pero podemos preguntarnos algo más: ¿Es sensato que los generales discutan sobre el coraje? ¿Y si mientras están discutiendo esta cuestión con un filósofo la ciudad es atacada por el enemigo? Algo esencial del socratismo se revela cuando comparamos la actitud de Nicias y de Jenofonte ante las entrañas de las víctimas sacrificiales. Al discípulo de Sócrates los augurios siempre le dicen lo que conviene a sus necesidades tácticas. Sócrates, por cierto, siempre se negó a incluir a Nicerato, el hijo de Nicias, entre sus seguidores.

El contemporáneo de Platón sabía también quién era Gorgias y no acababa de reconocer al famoso sofista en el personaje que lo representa en el diálogo platónico homónimo. El Gorgias que ellos conocían no hubiera aceptado, sin oponer una firme resistencia, algunas de las tesis que Platón le obliga a aceptar. Recordemos aquella anécdota transmitida por Ateneo, según la cual, tras la lectura de este diálogo, Gorgias habría exclamado: «¡Qué burlón es Platón!» La crítica de Platón a la sofística reposa sobre una distorsión de la personalidad y posiciones de los sofistas. Es fácil comprobarlo también en el *Protágoras*, especialmente en la escena en la que Sócrates llega a casa de Calias. Protágoras está paseando en el patio seguido de un largo cortejo de fieles que tienen que dejar un pasillo libre cada vez que éste se da la vuelta. A un lado del patio, sentado como un rey en su trono, está Hipias y en una habitación adyacente, Pródico. Sócrates reconoce su voz porque su eco llega hasta el patio. «Reconocí a Tántalo», exclama (315c).

En *Fedro* 278e-279c Sócrates dedica una puya a Isócrates que está cargada de veneno. En este pasaje, Fedro le ruega que no se olvide de su amigo. «¿De qué amigo?», pregunta Sócrates. «De Isócrates, *ton kalon*». En la fecha dramática de este diálogo Isócrates es un filósofo maduro y bien conocido por todos. Por eso resulta más llamativo lo que comenta Sócrates a continuación: «Isócrates es joven. Pero te diré lo que profetizo de él. Con el tiempo, un impulso divino lo llevará a cosas mayores». Isócrates era rival de Platón y despreciaba a Sócrates por considerarlo el mayor de los sofistas.

Otra distorsión evidente es la que encontramos en el *Cármides* cuando Critias, líder de los Treinta Tiranos, se muestra como un paladín del conocimiento de sí mismo. Como representante de la sabiduría y la templanza, anima al joven Cármides para que siga a Sócrates buscando a su lado la virtud (176a-d). Los lectores de Platón sabían muy bien que a quien había seguido Cármides había sido a Critias, llegando a ser su aliado en los años de la tiranía. Estamos, pues, ante un reconocimiento platónico de las deficiencias de Sócrates como maestro. Si hubiera sido un buen maestro, Alcibíades, Critias, Cármides y otros hubieran actuado de otra manera y la historia de Atenas hubiera sido distinta. En este sentido, Sócrates muestra los límites de la filosofía ante la política.

Si Sócrates no educa, los pedagogos tampoco. Léase el final del *Lisis* para comprobarlo. Sócrates está en la palestra discutiendo con varios jóvenes sobre la amistad sin llegar a ningún acuerdo claro. Cuando propone reiniciar la discusión desde el principio, aparecen los pedagogos para llevar a los jóvenes a sus casas. Se ha hecho tarde. La intención de los participantes en el diálogo era continuarlo, pero los pedagogos se pusieron furiosos y gritaban a los jóvenes en un lenguaje que tenía poco de buen griego. Sócrates se dio por vencido y se separaron.

Si los pedagogos tampoco educan, ¿quién educa?

5. Ironía sobre el logos

El gran irónico es Platón, que es quien tira de los hilos de Sócrates. Pero es un irónico que quiere preservar de alguna forma al logos del poder corrosivo de la desconfianza. Sean las que sean las dificultades que pueda poner de manifiesto la investigación filosófica, Sócrates insiste en que debemos ser consecuentes con el logos (*Sofista* 224e), pues es el único lugar en el que se puede manifestar la proximidad a la verdad (*Sofista* 227a). En definitiva, debemos ir hacia donde el logos nos lleve, como si fuéramos impulsados por el viento (*República* 394d).

¿No resulta irónica esta apuesta decidida por el logos, cuando la inteligencia dialéctica presente en los diálogos nos ofrece tantas aporías? La sospecha irónica aumenta si tomamos en serio la referencia de *Filebo* 28c a los sabios: «Todos los sabios proclaman al unísono, exaltándose a sí mismos, que la inteligencia gobierna tanto el cielo como la tierra. Y probablemente dicen bien». Ese «probablemente» es —a mi modo de ver— una falla en la tectónica del platonismo. No es fácil eliminar la sospecha de que Platón nos esté insinuando que la confianza en el logos no se corresponde con lo que éste puede mostrarnos de valor y que simplemente es la marca distintiva de la soberbia filosófica. Pero, en cualquier caso, para dirimir la cuestión, necesitamos al logos, de ahí que nos advierta contra la tentación de despreciarlo (contra la misología). Este sería el peor mal que podría afligirnos. Según Sócrates la génesis de la misología es muy similar a la de la misantropía. Esta última aparece cuando un exceso de ingenua confianza en los hombres nos aboca a sucesivas decepciones porque no son como los habíamos supuesto. Conviene conocerlos bien para juzgarlos tal como son, con la consciencia de que hay pocos que sean completamente buenos o completamente malos. La mayoría somos simplemente mediocres (*Fedón* 89d). El «somos» hay que tomárselo en serio.

Quien utiliza la dialéctica ingenuamente se decepcionará y caerá en la misología al descubrir que muchas veces lo que parece verdadero no lo es y sospechará que no hay nada verdadero y que todos los argumentos giran de aquí para allá, a su aire, inquietos, sin estarse nunca quietos (*Fedón* 90b-c).

Al reconocer que al logos no se le puede pedir más de lo que puede dar, Platón está realizando un parricidio. Utilizo este término teniendo en mente el pasaje de *Sofista* 241d en el que el Extranjero le pide a Teeteto que no lo mire *como un parricida* por haber emprendido la tarea de «poner en cuestión el logos de nuestro padre Parménides y demostrar que el no-ser es; y que el ser no es». Parménides sólo conocía una perspectiva sobre el ser. Era incapaz de comprender que puede haber otras y que, como dirá Aristóteles, el ser se dice *de muchas maneras*. Para que esta pluralidad de perspectivas se imponga, Platón se ve obligado a forzar el uso del lenguaje e introducir expresiones nuevas, como *to disson* [dualidad o duplicidad], *to kath'hauto kai kata symbebekos* [lo que es en sí y lo que es por accidente] o la aún más sorprendente de *einai pos*. Todas ellas pretenden hacernos comprensible que el no-ser en cierta manera es. Parece que Platón fue el creador del término *poiotes*, que resume la complejidad del ser (*Teeteto* 182a) y permite nombrar su cualidad. Simplicio resume bien esta cuestión en su *Comentario a la Física de Aristóteles* (115, 11).

El ser concebido como *einai pos* tiene la estructura de un *syn*, de una amalgama. En el *Filebo* se sostiene abiertamente que la duplicidad innata al ser es *symphyton, symploke, synekhes* o *symmixis*. Todos estos términos pueden ser traducidos como *amalgama*. En *Fedón* 100a se da el nombre de *symphonein* a la correspondencia posible entre el logos y las cosas. En *Sofista* 252b se añade que «si no hay *symmeixis*, hablamos en vano». Si el logos es capaz de reflejar el *syn-* de las cosas es porque él mismo, en su ser, es *sym-ploke* (*Sofista* 259e). La esencia del discurso es ser un entrelazamiento de nombres [*onomaton gar symploken*] (*Teeteto* 202b). En *Timeo* 29 e, el demiurgo es presentado como *ho synistas* y para nombrar su quehacer Platón utiliza los verbos *syn-istemi* y *syn-kerannymi* (*Timeo* 35a). Ambos se pueden traducir por «amalgamar».

Quien por buscar la teoría de las ideas en Platón ignore la presencia del *syn*, quizás encuentre algo interesante que decir sobre las ideas, pero no encontrará a Platón.

6. *La caverna*

Recuperemos el «probablemente dicen bien» del *Filebo*. Admitamos que uno de los sabios a los que se refiere Sócrates es el sofista Gorgias. No hay duda de que era tenido como tal en Atenas. Ante Sócrates acaba reconociendo (*Gorgias* 449c-461b) que la retórica trata del logos [*peri logous*, 449c-450c] y, más en concreto, de la aplicación del logos a los asuntos humanos más importantes, que son los políticos. La retórica es capaz de persuadir (453a) a los ciudadanos sobre lo justo y lo injusto (545b). Gorgias insiste en que persuade, no demuestra. Utiliza estrategias convincentes, no argumentos científicos. No pretende mostrarles a los hombres la verdad, sino persuadirles de que está a su alcance.

Las estrategias persuasivas de la retórica son muchas. No entraremos a detallarlas. Limitémonos a constatar que todo el diálogo de la *República* se asienta en una de ellas, a la que Sócrates, aunque con ciertas reservas, iniciales, no duda en darle el nombre de «noble mentira». Si políticamente hablando puede ser noble mentir, es que lo noble en política no se confunde con la verdad. ¿Hay una ironía política mayor?

Platón nos advierte que aunque la mentira es completamente inútil para los dioses, para los hombres puede ser útil. Subrayemos el valor político de la utilidad y recordemos que también en las *Leyes* se defiende que el buen legislador es capaz de encontrar una mentira capaz de impulsar a los jóvenes a obrar con justicia, no por la fuerza, sino por voluntad. A una mentira así la llama «la más útil» (*Leyes* 663e, 916d-917a). En la *República* se especifica que la mentira es políticamente útil cuando se utiliza como una medicina. Pero esto es reconocer que hay algo en la política que podemos llamar «salud» que no se garantiza con la obediencia estricta a la verdad. La idea se repite más adelante (*República* 459c-d). Y esta insistencia nos permite reforzar la sospecha de que, dada la nobleza de determinadas mentiras, en política la verdad no es siempre de manera indiscutible un bien.

La misma idea de un utilitarismo platónico escandaliza a muchos modernos que leen a Platón sin lápiz. Yo animo al lector interesado a subrayar en sus textos los términos que conforman lo que podemos llamar «el vocabulario platónico de la utilidad» (*khresimos, lysiteloun, prourgou, ophelimos, sympheron, kerdaleos, prepon*, etc.). Descubrirá pronto la densidad de este vocabulario. De la constatación de este hecho surgió el utilitarismo moderno en Gran Bretaña, en el grupo de excelentes filólogos que formaban el círculo de Grote.

Lo que viene a decir Sócrates es que para que haya ciudad debe preexistir un sentido republicano de copertenencia que no puede estar creado por la misma ciudad, sino que debe preexistirle. En este sentido, debe aceptar también acríticamente que las formas de vida propias de la ciudad son formas naturales de vida –de la vida *tout court*. En definitiva, los ciudadanos han de preocuparse por la ciudad como si fuera «su madre y nodriza, y defenderla como tal, y considerar al resto de los ciudadanos como hermanos suyos, hijos de la misma tierra» (414e). La cosa política es pues, en última instancia, más estética que matemática, y está más necesitada de estrategias retóricas de persuasión que de silogismos. «No es cosa de poca importancia que nuestras palabras posean alguna capacidad persuasiva respecto a la existencia de los dioses, de su bondad y de su amor por la justicia» (*Leyes* 887b). Sobre estas cuestiones hay que emplear «toda la capacidad que hay en nosotros para persuadir», porque es necesario que los adultos sigan persuadidos de los relatos que, desde muy pequeños, oyeron a sus nodrizas y a sus madres, dichos a manera de conjuros (*Leyes* 887c-d).

Añadamos que, según el Sócrates del *Fedro*, lo que importa [*melein*] en los tribunales no es la verdad, sino lo que es persuasivo (*Fedro* 272d-e).

Con los mitos ocurre como con la religión, que quien pregunta «¿qué es Dios?» ya ha comenzado a ser ateo. Dicho de otra forma: Sócrates conoce la necesidad política de la noble mentira pero sabe, al mismo tiempo, que, por noble que sea, la mentira es mentira, aunque sea necesario que los ciudadanos la perciban como verdad. De esta manera se nos abre la posibilidad de comprender el sentido de la famosa alegoría de la caverna. La caverna es una descripción exacta de la ciudad y de la frágil situación del filósofo, ya que para ser filósofo cabal, se necesita valentía (insolencia) para poner en cuestión lo que la ciudad, para subsistir, ha de tener por incuestionable.

Si esto es así, ¿puede haber oficio político más arriesgado que el que pretenda substituir la opinión por conocimiento? Y si el riesgo es real, podemos comprender por qué Platón no tuvo ninguna intención de repetir el juicio de Sócrates. Para preservar su integridad y la de su filosofía, sacó a esta de las calles, donde la había practicado su maestro, y la puso a resguardo en la Academia, en las afueras de la ciudad de Atenas, donde se podían discutir en privado todos los problemas públicos.

7. *Conclusión*

Desde Kierkegaard se ha repetido frecuentemente que Sócrates representa la emergencia de la individualidad en la comunidad totalitaria de la *polis*. Es cierto. Pero debemos añadir que se trata de una individualidad consciente de sí misma. Que sabe que es capaz de dar un paso atrás y contemplar la ciudad desde la distancia crítica. En la medida en que el rigor de la teoría impone un cierto desligamiento del sentido común comunitario, la teoría es inevitablemente irónica. Me atrevo a decir que también es atea, porque ¿qué es Dios sino aquello de lo que no nos atrevemos a ironizar? En este sentido, la ironía de la teoría, es la ironía de lo que podemos llamar la teatrocracia filosófica, que no es muy distinta, desde un punto de vista ontológico, de la teatrocracia popular que mienta Platón en las *Leyes*. El hecho de que el teórico filosófico sea un objeto de burla para la teatrocracia política (véase la figura de Sócrates en la comedia aristofánica) nos muestra con singular precisión lo que está verdaderamente en juego con la ironía socrática. ¿Cuánta realidad puede soportar el hombre político? ¿Cómo hay que condimentar la realidad para que sea políticamente digerible? Pero el uso filosófico de Sócrates por parte de Platón nos plantea una última cuestión: ¿Fue Sócrates un buen teórico de sí mismo? ¿Supo alejarse irónicamente de sí? ¿O Platón, al elegir un portavoz irónico, fue el único consciente de lo que había en juego?

«Los filósofos verdaderos son los que se dan a sí mismos como espectáculo propio el de la verdad» (*República* 475e). Contemplan el espectáculo público —incluyendo el espectáculo de la teatrocracia democrática y el de sí mismos— con ojos teóricos, que, en definitiva, son los ojos con los que el ciudadano democrático ateniense acude al teatro.

El socratismo es una sospecha y una decisión. El platonismo es una sospecha sobre la sospecha socrática y una decisión sobre la decisión socrática.

Notas

1 Todas las traducciones son del autor.

II. Estancias. La ironía platónica y el «pathos» de la distancia*
Xavier Ibáñez Puig

1. Introducción. Ironía socrática e ironía platónica

Al principio del *Eutidemo*, Sócrates se encuentra en una palestra y ve entrar en ella a Eutidemo y Dionisodoro, dos hermanos sofistas, acompañados por un grupo de discípulos (273a). Un poco más tarde, entra también el joven Clinias con otros chicos. Clinias ve a Sócrates y acude con sus acompañantes a sentarse a su lado. Cuando Eutidemo y Dionisodoro los ven, y después de intercambiar algunas palabras, se acercan para hablar con ellos (273b). El movimiento de los dos hermanos parece tener la intención de arrebatarle Clinias a Sócrates: Eutidemo y Dionisodoro van sin duda a la caza de nuevos discípulos entre los hijos de las familias ricas de Atenas. Sentado entre los muchachos, el mismo Sócrates parece, también él, un simple muchacho. Apenas empezada la conversación, Sócrates pregunta a los sofistas qué es lo que enseñan, y ellos le responden que son maestros de virtud (273d). Lo que sigue es una exhibición en la que los dos

* Este capítulo forma parte de los resultados de investigación del Grupo de Investigación reconocido por la Generalitat de Catalunya *Eidos: Platonisme i Modernitat* (2017 SGR 584).

hermanos muestran el poder de su sabiduría ante los niños, con el fin de captarlos como clientes. Avanzada la exhibición, llega el momento del triunfo final. Elaboran un argumento con el que demuestran algo absolutamente sorprendente, a saber, que no es posible mentir. Los chicos aplauden la audacia del argumento y vitorean a los sofistas. La operación de marketing parece llegar a buen puerto. Pero entonces interviene Sócrates. Les pregunta si, al mismo tiempo que han demostrado que mentir es imposible, ha quedado asimismo demostrado que hacer malas acciones es igualmente imposible. Los hermanos, que se han venido arriba por su éxito momentáneo, no adivinan la intención de Sócrates, y responden que sí: fácilmente quedaría probado, dicen, con un argumento análogo al que ya han desarrollado, que no es posible hacer una mala acción (286c-287a). Y llega entonces el dardo envenenado de Sócrates. Hay sólo una pequeña cosa, dice, que no entiende: «si esto es así, ¿de qué decíais que venís a hacer de maestros?» (287a). Sócrates no afirma nada, solo pregunta. Y, sin embargo, su pregunta cae como un hachazo sobre los hermanos sofistas, que se enfadan y lo insultan. El motivo es fácil de entender: quizás sea cierto, como dijeron al principio, que Eutidemo y Dionisodoro son maestros de virtud; y quizás sea cierto, como sostienen ahora, que en realidad no es posible hacer malas acciones y, por lo tanto, que todo el mundo es ya siempre virtuoso; ¡pero lo que no puede ser de ningún modo es que ambas cosas sean ciertas a la vez! En efecto: si se puede demostrar que no hay malas acciones, entonces, ¡Eutidemo y Dionisodoro no son maestros de virtud! Con una sola pregunta, y sin afirmar por su parte nada, Sócrates desenmascara así a los hermanos sofistas, al poner de manifiesto que lo que afirman contradice lo que (se supone que) son. Es éste un buen ejemplo de ironía socrática.

Consideremos ahora otro ejemplo. En la recta final del *Fedro* (274c-276a), Sócrates elabora un argumento contra la escritura. La palabra escrita, dice, defiende mal a su autor, porque, cuando el lector le pregunta algo que no acaba de entender, el escrito se queda callado, o bien responde una y otra vez lo mismo, como si fuera estúpido. En el mismo diálogo se ha visto ya cómo Fedro es un consumidor de discursos escritos que, sin embargo, y a pesar de poder recitarlos de memoria, no entiende; hecho que parece dar la razón a los argumentos socráticos, los cuáles, por otra parte, no reciben respuesta alguna por parte de ningún personaje de este diálogo. Sin embargo, se da una circunstancia que parece ser por sí sola, si no una refutación, sí al menos una corrección de la línea de argumentación de Sócrates. A saber: sus argumentos contra la escritura nos llegan en un texto escrito; concretamente en el *Fedro*, un texto escrito por Platón. He aquí cómo juega entonces la escritura platónica con los argumentos socráticos: al no presentar contraargumentos dentro del diálogo, parece que de algún modo los da por buenos; pero, al presentar estos argumentos *por escrito*, al mismo tiempo los contradice. ¿Cuál es, entonces, la posición platónica —ya no socrática— sobre la escritura? Quizás Platón está de acuerdo con Sócrates con relación a un cierto tipo de escritura, pero no contra todo tipo de escritura. No queremos, sin embargo, abordar ahora esta cuestión. El caso de la crítica a la escritura nos sirve como ejemplo para advertir que, además de la ironía socrática, *intradialogal*, hay otro tipo de ironía, *extradialogal*, que ya no es socrática sino platónica.

Sin duda el advertir que la crítica a la escritura tiene lugar en un texto escrito despierta nuestra sonrisa. Pero es obvio que lo que aquí nos hace sonreír no puede ser advertido en modo alguno por los personajes que actúan y hablan *dentro* del diálogo. Hay, pues, una ironía que solo puede ser captada por una perspectiva que se sitúa *fuera o más allá* del diálogo, cuando consideramos el texto, no sólo como el diálogo que es, sino también como el monólogo (de Platón) que también es. Dedicamos lo que queda de capítulo a ilustrar, con algunos ejemplos, cómo Platón hace un uso deliberado de esta distancia con respecto a lo que narra, no sólo para constatar el peculiar sentido del humor de su escritura, sino también para sugerir, al final de nuestro escrito, al menos parte del significado filosófico de este recurso.

2. Lo que solo se ve desde fuera.
La noción de comentario indirecto

Cada diálogo relata una conversación entre personajes muy concretos y en circunstancias muy concretas. Lo que desde dentro de la conversación pueda llegar a verse con relación a los temas tratados, los personajes intradialogales lo ven en todo caso desde una situación bien definida por sus límites espaciales y temporales. Que Sócrates deba acudir a los tribunales para ser informado de la acusación que han presentado en su contra (210d) nos hace preguntar si el final del *Teeteto* puede dar en realidad el tema por zanjado. Que en un momento clave de la conversación del *Banquete* Aristodemo, el testigo directo de lo que nos cuenta Apolodoro, confiese que no pudo escuchar toda la conversación final y que estaba medio dormido (223d)[1], nos hace lamentar que la conversación nos llegue mutilada. Que Menón entable su conversación con Sócrates sobre la virtud después de haberse gastado una suma importante de dinero para asistir a un curso de Gorgias sobre este tema (71c-e) nos hace sospechar que muchas de las cosas que dice no las ha pensado él por sí mismo, sino que son reproducción de fórmulas aprendidas de memoria de su profesor de retórica.

No hace falta multiplicar los ejemplos. Estos tres bastan para constatar que lo temporal, lo fraccionario, lo mutilado, como el tiempo de que se dispone, o la fiabilidad del testigo, o las carencias, el carácter y los intereses de los interlocutores, o lo que se da sólo parcialmente, o lo que se pierde o, en una palabra, *lo contingente* define una y otra vez la ocasión y las posibilidades de la investigación desarrollada en cada caso. Cada diálogo empieza en un momento dado y termina en otro. Cada diálogo es sólo un fragmento.

Sin embargo, al mismo tiempo, la mirada de Platón como desde arriba, como desde afuera, consigue, por decirlo así, *encapsular* el fragmento narrado, de tal modo que aquello que discurre en el tiempo y podría perderse —tal pérdida es la marca de lo contingente— queda detenido para ser contemplado y pensado una y otra vez. El silencio de Platón —el hecho de que Platón no sea jamás un personaje de Platón en escena[2]— nos invita como lectores a ponernos a su lado e interrogar los discursos y las acciones que componen cada diálogo desde esta visión del conjunto de la conversación que sólo podemos tener precisamente porque nos hallamos «más allá» o «por encima» de ella. Cada parte debe ser esclarecida desde su encaje en el todo, de modo que lo que puede pasar desapercibido a uno de los actores que intervienen en la conversación —simplemente porque en cada instante uno puede olvidar lo que se dijo o pasó antes, e ignora sin duda lo que se dirá o pasará más tarde—, esto, decimos, es precisamente lo que el lector, aguzando su atención, debe esforzarse para que no le pase desapercibido. En el fluir del tiempo, el cansancio, la falta de atención y la desmemoria hacen que a menudo se nos escapen elementos cruciales para comprender lo sucedido. Pero en la ficción platónica, todo lo que ha ocurrido y todo lo que se ha dicho queda, por así decir, a la vista del lector para que pueda poner en su sitio y comprender en su contexto cada hecho y cada palabra. *Los personajes intradialogales se ven urgidos por el discurrir del tiempo; los lectores*, en cambio —vaya por delante que somos conscientes de la exageración—, *disponemos de todo el tiempo del mundo*[3].

Pero hay más. Los lectores de Platón sabían —y a menudo sabemos— ya de entrada cosas que el mismo Platón da por supuestas, de modo que cada fragmento encapsulado entra también en relación con aquello que lo trasciende, incluso con aquello que está todavía por llegar cuando el diálogo llega a su fin. Para explicarlo, pongamos un ejemplo muy sencillo. En el *Eutifrón*, asistimos a una conversación entre Sócrates y un experto en temas religiosos llamado Eutifrón. Se han encontrado ante la puerta del tribunal: Sócrates acude para ser informado de la acusación que han presentado contra él, y Eutifrón a denunciar a su propio padre. En cierto momento, después de hacer alarde de su poder infalible de adivinación (3c), Eutifrón pronostica que a Sócrates el juicio que le espera le va a ir bien (3e). Por supuesto, bien pudiera ser que Eutifrón sea un auténtico adivino. Intradialogalmente, no disponemos de ningún elemento para decidir de un modo concluyente si Eutifrón acierta o no en su predicción. Sin embargo, y como pasa con todos los diálogos, el *Eutifrón* fue escrito después de la muerte de Sócrates. De modo que, aunque intradialogalmente Sócrates no pone en duda en ningún momento que Eutifrón posea tal poder, en el mismo momento en el que el presunto adivino hace su pronóstico los lectores ya sabemos que se trata sin duda de un impostor.

Reflexionemos un momento sobre este sencillo ejemplo. En el momento y en el lugar donde acontece la conversación, solo un dios podría haber sabido lo que estaba por venir. Pero la ficción platónica nos concede *precisamente* esta perspectiva divina, transcendente y transtemporal, que nos permite juzgar lo que discurre en el tiempo con una visión de lo que está por llegar y, por así decir, como desde fuera del tiempo. *Puesto que el sentido de cada diálogo solo es comprensible para quien atiende a lo que lo trasciende, es evidente que todo diálogo platónico es por su propia naturaleza incompleto.* Platón confía en que el lector recordará lo que lleva consigo antes de empezar a leer para interpretar correctamente lo que está escrito. En efecto, aunque nada hay *dentro* del diálogo que nos autorice a sentenciar sin titubeos que Eutifrón es un impostor, nuestra experiencia nos permite completar con lo que sabemos lo que el diálogo no sabe, y afirmar, sin miedo a equivocarnos, que Eutifrón es sin duda un fraude.

En suma, los diálogos resultan ser una mezcla de palabras y acciones, pero también una mezcla de palabra y silencio. Para entenderlos, no basta analizar lo que se dice en sus propios términos. Hace falta, además, atender a lo que no se dice. Por cierto, no en el sentido de algo de lo que el mismo Platón no sería consciente, sino en el sentido de aquello que Platón no dice a pesar de ser consciente de ello, y precisamente con la confianza de que el lector se percatará de ello. En esto consiste la ironía platónica. La presunción pedante de Eutifrón nos parece ridícula y nos hace sonreír porque, *visto desde fuera*, aparece a nuestros ojos como el farsante que es. Los diálogos de Platón están construidos, así pues, de tal modo que a menudo llevan consigo, no un comentario directo de lo que se dice, pero sí *un comentario indirecto*. Leer bien a Platón exige entonces tomar en consideración los comentarios indirectos que el mismo Platón, jugando a ser dios —esto es, situándose y situándonos con su silencio por encima del tiempo—, nos brinda.

3. Los filtros de la memoria platónica.

Recuerdos de los recuerdos de Sócrates

Este juego divino alcanza algunas de sus realizaciones más sutiles en tres diálogos de narración indirecta: el *Teeteto*, el *Banquete* y el *Fedón*. Del *Banquete*, Stanley Rosen (1987: 38. Trad. del autor) ha escrito: «El *Banquete* son los *Memorabilia* [de Jenofonte] escritos por Apolodoro». En el mismo sentido podemos decir que el *Teeteto* son los *Memorabilia* escritos por Euclides y el *Fedón* los *Memorabilia* escritos por Fedón. En efecto, en estos tres diálogos, y sólo en estos tres, Platón concede el papel de narrador a escuelas socráticas rivales: Apolodoro es un discípulo cínico de Sócrates, Euclides un discípulo megárico y Fedón un discípulo pitagórico. En los tres casos, Platón no narra en primera persona las conversaciones correspondientes, sino que deja que sea Apolodoro quien dé testimonio de las conversaciones que tuvieron lugar la noche en la que se celebró la victoria de la tragedia de Agatón, que sea Euclides quien haga memoria de la conversación que treinta años atrás Sócrates mantuvo con Teodoro y sus discípulos, y que sea Fedón quien nos cuente la última conversación de Sócrates con algunos de sus discípulos pitagóricos el mismo día en que cumplió su sentencia de muerte bebiendo cicuta[4].

Lo interesante de los tres casos es que Platón no presenta simplemente sus propios recuerdos de Sócrates; en vez de esto, lo que hace es presentarnos sus recuerdos de los recuerdos de las escuelas socráticas rivales. *Platón no sólo hace memoria de su maestro Sócrates, sino que también hace memoria de las memorias de los distintos discípulos de Sócrates.* El *Banquete* nos llega con un filtro cínico, el *Teeteto* con un filtro megárico y el *Fedón* con uno pitagórico. Lo relevante es que *Platón se toma la molestia de explicitar todos estos filtros para que como lectores los tomemos en cuenta*, para que estemos atentos a las correcciones que hay que hacer para recoger adecuadamente el sentido de cada diálogo. Se trata de una nueva muestra de ironía platónica. Consideremos brevemente cada uno de los tres casos.

El *Banquete* es narrado por Apolodoro, quien supo lo que cuenta por Aristodemo. Los dos aparecen en el diálogo como discípulos fanáticos. El retrato que Platón nos brinda de Apolodoro llega a parecer una caricatura. En la *Apología*, Apolodoro es uno de los que se prestan a pagar al tribunal treinta minas (38b). En el *Fedón*, es el que llora más ruidosamente y desconsoladamente la muerte del maestro (117d). En el *Banquete*, el amigo con el que habla dice de él que maltrata a todo el mundo excepto a Sócrates, porque cree que todos excepto Sócrates, incluido él mismo, son unos desgraciados (173d). Apolodoro es, pues, un misántropo que menosprecia a todo el mundo menos a Sócrates, al que, por otra parte, idolatra. Con su figura se nos brinda así una imagen degradada de lo que se tratará a lo largo del diálogo, esto es, una imagen degradada de Eros. Así lo expresa Jordi Sales (1996: 3) en su comentario del diálogo:

> Eros está relacionado con la mímesis en el hecho del fanatismo. El *fanatismo* es una forma degenerada de la audacia característica de los discípulos que jamás dejan de ser discípulos, porque su relación se hace con la figura del maestro y no con aquello que el maestro señala como el término de la relación o el origen de su doctrina (trad. del autor).

Anulado también por la figura del maestro, Aristodemo, a su vez, va siempre descalzo para parecerse al máximo a Sócrates. De él dice Apolodoro que es quien más amaba por entonces a Sócrates (173b), y Jenofonte lo presenta como un ateo que menosprecia todo lo que el ciudadano común considera respetable. Más socrático que el mismo Sócrates, el día del banquete en casa de Agatón, para el que Sócrates excepcionalmente se ha puesto zapatos y se ha lavado, él acude, sin haber sido invitado, desaliñado y descalzo como siempre.

Ninguno de los dos es objeto de examen socrático alguno. Y, sin embargo, Platón nos da calladamente —irónicamente— todos los elementos para que hagamos este examen por nuestra cuenta. En primer lugar, es un hecho constatable en todos y cada uno de los diálogos, y de un modo especial en el *Banquete*, que, contra la misantropía de sus discípulos cínicos, el eros de Sócrates lo empuja a sentir interés por casi todo el mundo sin excepción. Más aún: lo que Sócrates tiene que decir sobre Eros no es de su propia cosecha, sino que lo aprendió de Diotima, y lo que dice es que Eros nos empuja a transcendernos a nosotros mismos en tensión, en último término, hacia lo bello en sí (210a-212a). El atinado comentario de Sales citado más arriba basta para comprender el modo como Platón muestra el carácter degradado de la posición cínica de sus colegas socráticos. A la luz del *Banquete* en su conjunto, los dos personajes aparecen así cómicamente retratados como versiones degradadas del socratismo. Si como Sócrates dice en el *Fedón*, «misología y misantropía proceden del mismo movimiento vital» (89d), entonces el aristocratismo socrático de los cínicos aparece sin duda, bajo la mirada platónica, como una degradación tanto de la palabra como del ser humano.

Hablando del *Fedón*, también aquí la ironía platónica juega su papel. Uno de los puntos que Sócrates defiende reiteradamente a lo largo del diálogo es la inmortalidad del alma y la esperanza fundada de que los hombres justos tendrán su recompensa más allá de la muerte (114c). En su larga conversación con Simias y Cebes, Sócrates defiende, en efecto, que la muerte no solo no debe ser temida, sino que, además, probablemente sea algo bueno para los hombres que se han ocupado de su alma más que de su cuerpo. En la recta final, Sócrates afronta su destino (115a) con la serenidad de quien morirá en paz consigo mismo y con el mundo. Y aquí llega lo cómico: a pesar de que sus discípulos pitagóricos le dan la razón en todo, lo cierto es que no paran de lamentarse y de llorar la muerte inminente de su maestro. Los pitagóricos socráticos, que sostienen que la muerte no es nada o es más bien una bendición para los buenos, lloran la muerte de su maestro, no solo como si se fuera algo, ¡sino como si fuera algo malo! Naturalmente, podemos empatizar con ellos y admitir que su dolor los hace más humanos de lo que lo son sus doctrinas. Sin embargo, es precisamente esta distancia entre su dolor y sus doctrinas lo que es relevante desde el punto de vista filosófico, si queremos establecer el justo valor de estas últimas. De modo que, una vez más, Platón nos indica cómo debemos considerar el socratismo pitagórico, no con lo que dice, sino con lo que muestra calladamente. Intradialogalmente, parecería que Sócrates no tiene nada que objetar a las doctrinas presentadas. Es sólo cuando miramos la conversación desde fuera, tal como nos la enseña la ironía platónica, que aprendemos a tomar distancia con respecto a las doctrinas defendidas por el círculo socrático pitagórico.

De los siete diálogos que narran los últimos días de la vida de Sócrates[5], el *Fedón*, del que acabamos de hablar, es el último y el *Teeteto* el primero. De ellos, Seth Benardete (1984: I.87) ha observado que el *Teeteto* es el más cómico y el más escéptico de los siete, mientras que el *Fedón* es el más trágico y el más dogmático. Con relación al *Fedón*, acabamos de ver que, a pesar de su tono marcado por la muerte inminente de Sócrates, no carece, sin embargo, de ciertos tintes cómicos; y que es precisamente su dimensión cómica —que, por supuesto, no borra su otra dimensión, la trágica— lo que nos invita a tomar distancia con respecto a los dogmas que en él se vierten. El más trágico y dogmático de los diálogos no es, así pues, ni completamente trágico ni completamente dogmático[6]. ¿Qué decir del *Teeteto*?

La composición del *Teeteto* es singular. Después de un breve prólogo escrito por Platón, casi la totalidad del diálogo consiste en la lectura de un texto escrito por Euclides de Mégara con la asistencia de Sócrates. El prólogo, como la vida misma, constituye un tejido de comedia y tragedia. El elemento trágico lo aporta la muerte inminente de Teeteto, quien, herido de muerte, es trasladado de Corinto a Atenas. Las heridas le han provocado disentería. Teeteto ha luchado con valor en la batalla, y Euclides y Terpsión, discípulos megáricos de Sócrates, recuerdan cómo treinta años atrás Sócrates ya pronosticó la valía del que entonces era todavía un muchacho. Euclides no es capaz de recordar lo que se dijo, pero, por suerte, lo puso por escrito con la ayuda de Sócrates y, por lo tanto, pueden escuchar la lectura que un esclavo hará del texto para recordar lo acontecido en aquella ocasión. El primer elemento cómico dentro de la tragedia lo constituye la incapacidad de los dos filósofos megáricos para decir nada *por su cuenta* con relación a las circunstancias actuales. Prefieren invocar el fantasma de Sócrates, muerto treinta años atrás, para que sea él quien diga lo que venga al caso. Presentes en la escena del *Fedón*, tampoco allí abren la boca ni una sola vez ni se dice que lloren la muerte de su maestro en ningún momento. La larga lectura del texto del *Teeteto*, aunque contiene pasajes difíciles y apasionantes, no provoca ni una sola interrupción por parte de ellos, a pesar de que, siendo dos, podrían haber intervenido para probar de esclarecer juntos los pasajes más oscuros. Su silencio forma parte de su esfuerzo para dejar que *lo que es* sea. Veamos por qué.

Euclides y Terpsión son discípulos parmenídeos de Sócrates. De acuerdo con Diógenes Laercio (II. 106-107), sostienen que todo lo que hay es el Uno-Bien, al que nada se opone, y esto es todo. Se trata de un peculiar sincretismo de Sócrates y el eleatismo, en cuya virtud el bien socrático se identifica con el Uno-Todo parmenídeo. Aristóteles (*Metafísica* 1046b29-31), por su parte, dice que para los megáricos no hay diferencia entre acto y potencia o, lo que es lo mismo, que no hay movimiento ni génesis, pues nada llega a ser, sino que todo es ya siempre lo que es. Quizás sea por eso que Euclides decide borrar de su texto toda huella de las mediaciones que han hecho falta para elaborarlo: escribirá en estilo directo, y no indirecto, para que parezca que asistimos en persona a la conversación y no que alguien nos la cuenta según su propia perspectiva (143c).

Me he ocupado con cierto detalle de todo el pasaje en otros lugares (Ibáñez 2002; 2007: 47-52), y no lo repetiré ahora. Para captar la ironía platónica, baste indicar que el brevísimo prólogo del *Teeteto* se halla saturado de todo lo que caracteriza el ámbito de la génesis: de todo lo que para los eleáticos no es nada. Lo primero que nos hace sonreír es que los megáricos, que dicen que solo hay Uno, no son uno sino *dos* (Euclides y Terpsión). En cuanto a la negación del movimiento, también la escena la cuestiona con el mero relato de los hechos: Teeteto está muriendo de disentería, de modo que ahora mismo su cuerpo se está descomponiendo en un fluir continuo; llevan a Teeteto de Corinto a Atenas; Euclides tuvo que ir y volver de Mégara a Atenas en varias ocasiones para completar el texto; etc. Es, además, significativo que tanto la primera como la última frase del diálogo remitan a cortes temporales muy precisos: «*¿Ahora mismo* [ἄρτι], Terpsión, has llegado del campo, o hace mucho?» (142a); «*mañana justo cuando amanezca* [ἕωθεν], Teodoro, volveremos *aquí mismo* [δεῦρο]» (210d). El peso de lo temporal y lo contingente, de lo caduco, *de la génesis y la corrupción*, se afirma así con énfasis de principio a fin en este diálogo. De nuevo, pues, la ironía platónica enfoca nuestra mirada sobre los elementos dramáticos para que, como lectores, podamos poner en su lugar a los discípulos megáricos de Sócrates.

4. La ironía platónica y el pathos de la distancia

La constatación de estos tres filtros debe ponernos en guardia. Es el mismo Platón, jugando a explicitar las mediaciones que están presentes en estos diálogos, quien nos invita a considerar no sólo éstos, sino *todos* los diálogos, como lo que son: perspectivas del mundo que exigen, para su cabal comprensión, una interpretación que se realice desde el *pathos* de la distancia inherente a la actitud filosófica, presente en los diálogos como la ironía de Platón.

Para comprender la relevancia de este hecho, propongamos un juego a modo de ejercicio: ¿qué entenderá del *Fedón* un lector pitagórico, del *Banquete* uno cínico y del *Teeteto* uno parmenídeo? Quizás nos gustaría pensar que, viéndose cómicamente retratados, cada uno de ellos se apresurará a revisar su propia posición. Pero suponer que esto es lo que va a pasar la mayoría de las veces sería una ingenuidad. El carácter indirecto del comentario con el que la ironía platónica acompaña a sus diálogos hace que los elementos que invitan a la reflexión puedan también pasar desapercibidos para los que, desde *fuera*, asistimos a su lectura.

De ello se sigue que sólo el lector que esté dispuesto a perder su personaje —a dejar de ser pitagórico, o cínico, o megárico, o lo que fuere—, es decir, sólo el que esté dispuesto a trascenderse a sí mismo para realizar más ampliamente su propia humanidad, estará en disposición de captar la ironía platónica y entender los diálogos. *Los diálogos son, por ello mismo, maestros de humanidad.* Para entenderlos, no basta con analizar sus argumentos. Pues, como sabemos por el símil de la línea (*República* 509d-511e), el acceso último a la verdad no es discursivo sin más, sino que culmina, más allá de las palabras, en una visión callada [νόησις][7]. Por esta razón, la filosofía no puede ponerse *toda ella* por escrito.

La situación es, entonces, ésta. Los personajes intradialogales se hallan encerrados como prisioneros en el fragmento de tiempo narrado y en el papel que en él tienen asignado. Para ellos, el juego de sombras es algo muy serio. Solo para el liberado, que de repente puede ver la caverna como caverna y también lo que la transciende, la gravedad de la condición humana se ve iluminada por la amplitud de una mirada nueva. Solo éste alcanzará a comprender, en la medida de lo humanamente posible, «la comedia y la tragedia de la vida» (*Filebo* 50b). Tal es, en suma, el significado profundo de la ironía platónica.

***

Es difícil expresar con precisión lo que hemos querido decir. A menudo es la literatura la que nos brinda las mejores intuiciones sobre este tejido de tragedia y comedia que es toda vida humana. Piénsese, por ejemplo, en la sabiduría del sepulturero en el acto V del *Hámlet* shakespeareano, cuya cómica vulgaridad resulta más cuerda y profunda que la gravedad trágica del príncipe de Dinamarca. También la ironía de Shakespeare, como la de Platón, nos invita a experimentar lo temporal desde lo que lo trasciende. Repitámoslo: lo que tenga que decir la filosofía no cabe *todo ello* en la palabra. Precisamente por esta razón, a menudo es la poesía, con su audacia para llevar la palabra al límite, la que nos ayuda a vislumbrar ese juego entre la estancia que habitamos y lo que queda fuera de sus paredes. Permítasenos, entonces, para acabar, dejar la última palabra al gran poeta catalán Joan Sales, quien, desde su exilio de soldado vencido, en su poesía *Estancias* (2013: 59) presiente ese mismo horizonte de la vida humana —más allá de la estancia donde nos hallamos recluidos— al que nos hace asomar la ironía platónica. Concedamos, pues, la última palabra de nuestro escrito al poeta:

ESTANCIAS

...la lenta ironia dels cels de capaltard...
MÀRIUS TORRES

A menudo pienso, María, viendo cómo me abandona
    la juventud, breve e inútil como ha sido,
que, así como de un naufragio lleva a veces la ola
    hasta un país desconocido

unos restos, que quedan medio enterrados en la arena,
    donde quién sabe si muchos años después
hablarán a algún paseante, en la tarde serena,
    de lo que un día fue y ya no es,

quizás algún siglo estos versos, náufragos de mi viaje,
    llegarán a un curioso
y en su espíritu igual que en una playa distante
    un día o dos hallarán reposo...

***

—Hermano, de quien la sombra temida del tiempo me separa,
    yo seré polvo cuando repases
estos versos antiguos, que escribí en la callada
    certeza que tengo del trance.

Tempestad y naufragio es toda humana vida;
    pero en la hora en que el día acaba
¡feliz aquel que ve una luz bendecida
    filtrarse hasta su mirada!

Feliz el que consigue atrapar, cuando da ya de beber
    la Noche a sus corceles de hielo,
este rayo, el último ya, que de repente nos hace ver
    la santa ironía del Cielo.

                    Joan Sales, Coyoacán, 1946
                    (*trad. del catalán de Xavier Ibáñez*)

Notas

1 El mismo Apolodoro confiesa, a su vez, que no recuerda todo lo que Aristodemo le dijo sino sólo lo más importante (178a).

2 Platón es citado solo dos veces en todo el *corpus* platónico. Una, en la *Apología*, para decir que es uno de los que garantizan el pago de treinta minas (38b). La otra, en el *Fedón*, cuando Fedón dice que Platón no estaba, y lo hace con estas palabras: «creo que Platón estaba enfermo» (59b). Este segundo caso es un nuevo ejemplo, muy interesante, de ironía platónica. Pues, aunque Fedón pudo no saberlo, sin duda Platón —¡que es el autor del *Fedón*!— lo sabía. ¿Por qué, entonces, no nos dice sin más la razón de su ausencia y prefiere dejarnos con la duda?

3 En el *Teeteto* 172c y ss. se compara al hombre libre con el que ha recibido una formación propia de un esclavo. Este segundo nunca tiene tiempo de examinar bien las cosas, acuitado como está por la urgencia de lo cotidiano. Solo el filósofo, apartado de los asuntos diarios, dispone de todo el tiempo del mundo para examinar con calma y sin prisas lo que llama su atención. Para la importancia que tiene el olvido de este hecho para comprender la crisis actual de la institución escolar, véase Mattéi (2001: 184-190).

4 En dos de los casos, además, la transmisión nos llega como resultado de un juego de mediaciones. Apolodoro no asistió personalmente a la conversación del *Banquete*, sino que se la contó Aristodemo, otro discípulo cínico de Sócrates. Tampoco Euclides asistió a la conversación, sino que fue Sócrates quien se la contó, y él, por su parte, la puso por escrito para no perder detalle. De los tres, sólo Fedón estuvo presente en la conversación relatada.

5 Son: *Teeteto, Eutifrón, Sofista, Político, Apología, Critón* y *Fedón*. No hace falta decir que el orden dramático no se corresponde con el orden de su composición.

6 Recuérdese que en el *Banquete* (223cd) Sócrates defiende que hay un arte de escribir que supera e integra tragedia y comedia. Tal arte es el de los diálogos platónicos.

7 Francisco J. Gonzalez (1998: 245-274) ha mostrado de un modo magistral cómo la *Carta VII* viene a decir lo mismo.

Referencias bibliográficas

BENARDETE, S, *The Being of the Beautiful: Plato's Theaetetus, Sophist, and Statesman*, University of Chicago Press, Chicago 1984.

GONZALEZ, F.J., *Dialectic and Dialogue*, Northwestern University Press, Evanston (Illinois) 1998.

IBÁÑEZ, X., «L'escena inicial del *Teetet*: el filtre megàric en la transmissió del diàleg», en: Monserrat, J. (ed.) *Hermenèutica i platonisme*, Barcelonesa d'Edicions, Barcelona 2002.

IBÁÑEZ, X., *Lectura del Teetet de Plató: Saviesa i prudència en el tribunal del saber*, Barcelonesa d'Edicions-Col·lecció Akademia, Barcelona 2007.

MATTÉI, J.-F., *La barbarie intérieure. Essai sur l'immonde moderne*, PUF, Paris 2001.

ROSEN, S., *Plato's Symposium*, Yale University Press, New Haven 1987.

SALES, JOAN, *Viatge d'un moribund*, Club Editor, Barcelona 2013.

SALES, JORDI, *A la flama del vi. Figures i desplaçaments II*, Barcelonesa d'edicions, Barcelona 1996.

III. La carcajada de Platón sobre la utilidad de la filosofía

Einar Monroy

1. Introducción

Entre el ingente volumen de estudios sobre los *diálogos platónicos* no hay mayor acuerdo sobre el lugar que pueda tener el humor como forma de conocimiento. Aunque no es nuestro propósito liquidar tal asunto, sí se pretende contribuir con una lectura de algunos de sus diálogos en tal sentido, pues igual que el mito, el humor era acogido en el ambiente cultural y político de la Atenas de Platón y, como es de suponer, el filósofo nunca estuvo al margen de ello, es decir, del mismo modo como los grandes trágicos recurrieron al mito y los cómicos a la risa, Platón, aunque filósofo, no fue indiferente al espíritu que templaba las coordenadas espacio-temporales de la época. Ahora bien, sabemos que se ha asumido una clasificación histórica de los diálogos en *Socráticos o de Juventud*, que abordan, de la mano de Sócrates, cuestiones éticas; *de Transición*, en los que se empieza a ocupar de cuestiones políticas y otros temas bajo la influencia pitagórica; *de Madurez o Dogmáticos* en los que consolida la teoría de las ideas; y *de Vejez o Críticos* en los que hace una revisión de sus anteriores posiciones, introduciendo incluso nuevos temas hasta el momento poco o nada abordados. Dado que no queremos sacrificar profundidad por extensión, no haremos un seguimiento exhaustivo de «el humor» en todos los *Diálogos*, sino que nos detendremos sólo en dos de ellos: en *El Banquete*, un diálogo de Madurez, y en *Teeteto*, uno de su período crítico. Anticipamos una apuesta doble: de una parte, se propone «el humor» como singladura alterna a la reflexión; de la otra, tanto antaño como hogaño, sobre todo en los círculos políticos y en los dispositivos de la globalización neoliberal, se cuestiona y es motivo de burla la utilidad de la filosofía, por ello, queremos reproducir una carcajada a partir de Platón.

2. *La risa como segunda vía de reflexión sobre el descuido de Eros o del filosofar en favor de lo que representa utilidad y beneficio*

Como ya se ha dicho, de acuerdo con el lugar del *Banquete* en la clasificación histórica, este no es un diálogo determinado por el ἔλεγχος socrático, sino por el discurso agonal en cuyo juego especular se va reflejando el tema central: περὶ τῶν ἐρωτικῶν λόγων (172b). Antes de entrar en el asunto, es menester propiciar, aunque sucintamente, una información de contexto. A este diálogo, junto con *Teeteto* y *Parménides*, Martín Ferrero (1973: 193) los considera «diálogos indirectos» por cuanto sus narradores, en este caso Apolodoro, no han sido testigos. El diálogo está estructurado temporalmente en tres momentos: el primero —aunque aparece al final del diálogo—, es en el que Diotima, la sacerdotisa de Mantinea, habla a Sócrates; el segundo, es en el que Sócrates relata el discurso de Diotima tanto a Aristodemo como a Apolodoro, quien es el que finalmente lo narra a Glaucón y otros amigos; el tercero, corresponde al momento de la composición del diálogo por parte de Platón, que según los estudiosos dataría entre el 384 y 379 a.n.e. De la verosimilitud del relato no nos ocuparemos.

El orden inicial de los seis discursos esperados: Fedro, Pausanias, Aristófanes, Erixímaco, Agatón y Sócrates, es alterado por el suceso del hipo de Aristófanes, quien terminará hablando después de Erixímaco, y por el posterior ingreso de Alcibíades cuyo discurso se suma al de los anteriores[1]. Si hacemos una caracterización de los discursos de acuerdo con el sentido atribuido a Eros, pueden agruparse en tres: de una parte, desde la perspectiva del tándem *physis-nomos*, mientras que para Fedro, Eros es aquello uno que aparta del mal y coliga en el bien (178a-180b); para Pausanias, el amor es dual entre similares, pero respecto a lo que es estable y virtuoso (180c-185c) y Aristófanes, a través del relato del Andrógino, deja ver que Eros es una tercera naturaleza que, convenientemente, hace de dos uno, y por tanto, deseo de lo que falta (189c-193e). De la otra, a partir de la índole cósmica de Eros tenemos que para Erixímaco, Eros es doble -en esto coincide con Pausanias (186a)-, pero no entre similares —en esto toma distancia—, sino entre desiguales (186b), pues es lo que armoniza a los opuestos (186d-188e)[2] y Agatón, quien coincide en algunas cosas con Fedro (195b), primero destaca su naturaleza propiamente dicha: es el más y siempre joven (195b), ἁπαλός que traducimos por *sutil* (195d-e), ligero de aspecto [ὑγρὸς τὸ εἶδος, 196a], el más hermoso y mejor (197b); acto seguido destaca sus virtudes: justicia (196b), templanza (196c), valentía (196d), y sabiduría (196d), presentando la tesis de que Eros es lo que «nos vacía de extrañamiento y nos llena de intimidad», lo que aparta del mal y mueve al bien, lo que hace y deja ser (197c-e). Y de la otra, desde el punto de vista de la *praxis*, tenemos que Diotima-Sócrates (201d-212b) presenta a Eros como algo intermedio entre lo bueno y bello, tal como la recta opinión es intermedia a la ignorancia y la sabiduría (202a) y, por tanto, tampoco un dios, sino un *daimon* (202d-e) que coliga en un continuo el orden de los dioses y de los hombres (202e), hijo de Poros (hartura) y Penía (indigencia) (203b-e), posición con la que se identifica Platón para quien el amor si bien es deseo de lo que no se posee, también podría decirse hoy, deseo de lo inútil, está orientado a la felicidad (205d), al bien (206a-b), a la belleza (206b-211c) y a la inmortalidad (207a). Un séptimo discurso estaría en boca de Alcibíades (215a-222b) quien encomia, más que al Eros del que todos hablan y nadie conoce, al eros encarnado en Sócrates, un hombre con pleno dominio de sí (221a), cuya sentencia del «sólo sé, que nada sé» es la máxima representación de ese amor que se busca y no se posee (200a), la sabiduría, como bien reconoce Díaz Genis (2010: 82). En definitiva, Eros como *daimon*, «guía y caudillo» (193b), conduce de esta vida de división entre la ignorancia y la opinión, hacia la integridad que se adquiere en la auténtica búsqueda; articula a hombres y dioses, del mismo modo como el filósofo articula y conduce de la ignorancia a la sabiduría, por eso, una de las conclusiones más decisivas se anticipa en la declaración de que Eros es todo un «filósofo» (204b), si bien es cierto no todo filósofo es Eros.

En esta reflexión sobre Eros los argumentos son escasos, por tanto, hay que recurrir a otra alternativa, del mismo modo como los marineros acudían a los remos cuando el viento escaseaba en las velas. Mientras que en el *Fedón* (99c-100a), el *deuteros plous* o segunda vía de aproximación a lo bueno son las imágenes, en el Banquete serán los detalles burlescos, de los cuales queremos destacar: en primera instancia, el que aparece en 174b sobre Homero (cf, *Ilíada* XVII 587-588); cuando Aristodemo entra en casa de Agatón sin ser invitado, y sin el invitado, Sócrates (174e); cuando Agatón pide a Sócrates que se siente junto a él para ver si por contacto físico experimenta la idea (175c) que le retenía en el portal del vecino; la inmediata respuesta de Sócrates, tanto en lo referente a la creencia popular según la cual, la sabiduría se transmitía por ósmosis, como a la popularidad de Agatón debido al éxito como poeta trágico en el teatro de Dioniso (175e); cuando Erixímaco quiere deshacerse de la flautista, que como era tradición, tocaba en los banquetes cuando abundaba la bebida y escaseaban los discursos (176e); la ausencia de encomio a Eros pero sí admirables elogios a la sal y otras cosas por su utilidad [ἔπαινον θαυμάσιον ἔχοντες πρὸς ὠφελίαν, 177b].

En segundo lugar, aquel pasaje en el que Aristófanes, con un tono risible respecto al discurso de Erixímaco deja ver una verdad: no es tan cierto que la parte ordenada del cuerpo desee lo ordenado, toda vez que ha curado el hipo a través del estornudo (189a); aquí queda claro que lo risible no riñe con el conocimiento, aunque lo ridículo sí (189b). El mismo Sócrates, que dice temer hacer el ridículo, se hace objeto de risa en su confesión sobre el modo como han procedido los anteriores y como él mismo lo pensaba hacer (198b-199b); posteriormente, en boca de Alcibíades se muestra la escena jocosa que representa su llegada borracho (212e-213a), pero también declara que Sócrates no sólo ironiza, sino también bromea con la gente (216e), lo que es más, el mismo Sócrates, ante los elogios de Alcibíades, bromea señalando que este quiere intercambiar oro, la belleza del entendimiento, por bronce, la belleza corporal (218e; 219c). Alcibíades reconoce que los discursos de Sócrates están revestidos de palabras y expresiones risibles, cual sátiro, pero en contenido desbordan en sentido y virtud (221e-222a). La risa generalizada, es muestra de que todos han comprendido que Alcibíades aún permanece enamorado de Sócrates (222c-d).

En tercera instancia, la carcajada de Platón sobre la utilidad de la filosofía la encontramos al final del *Banquete*, un pasaje del que Aristodemo no da suficiente cuenta de por qué y cómo se llegó al tema, justo cuando Sócrates iba a elogiar a Agatón entran unos parranderos que, suspendiendo el discurso y excediendo en bebida, hacen que algunos se marchen y otros terminen borrachos. La tesis de Sócrates es la siguiente: «quien con arte es autor de tragedias lo es también de comedias»[3] (223d) Pero lo más importante quizá no sea el contenido de la tesis misma, sino el proceder de Sócrates: sobrio como fue descrito por Alcibíades y, aprovechando la embriaguez de Aristófanes y Agatón, les obliga a admitirla, y como si fuera poco, se levanta y con la satisfacción del que ríe de último se marcha.

En definitiva, tanta teoría sobre el amor, que uno, que doble, que tercera naturaleza, que su definición, que sus virtudes y, sin embargo, las relaciones amorosas entre ellos es un completo fracaso, toda vez que ni Erixímaco perfecciona a Fedro, ni Pausanias hace virtuoso a Agatón, ni Sócrates consigue que Alcibíades cuide de sí. Sólo Sócrates permanece en pie y se marcha con la luz del día.

Lo anterior nos da pie para abordar en qué se cifra la in-utilidad de la filosofía. La utilidad del filosofar, asunto descuidado en los estudios de este diálogo, está planteado claramente desde la escena introductoria cuando Apolodoro, seguidor de todo cuanto Sócrates dice y hace, se burla de Glaucón: «Antes daba vueltas de un sitio a otro al azar y, pese a creer que hacía algo importante, era más desgraciado que cualquier otro, no menos que tú ahora, que piensas que es necesario hacer todo menos filosofar» (173a). En otro pasaje se plantea la siguiente cuestión: «¿Acaso crees que es vana la vida de un hombre que mira en esa dirección...?» (212a), esto es, la conducción de la mirada, por el impulso filosófico, hacia aquello que falta.

Nótese el contraste entre aquello por lo que se tiene tanta premura y aquello por lo que se pierde cuidado (177c). A partir del desarrollo del diálogo, podría decirse que el reclamo por el descuido de Eros es el mismo reclamo por el descuido del filosofar en favor de lo que representa utilidad y beneficio. Eros representa, pues, el amor, pero no un amor carnal, de apegos, sino todo lo contrario, el amor sin propio, sin premura, sin utilidad, es el deseo de lo que falta, de lo que se busca sin poseer jamás. El elogio a Sócrates por parte de Alcibíades es un encomio a la utilidad moral de la filosofía (215a-216c), el dominio de sí y la firmeza (219d-222b).

3. De la perplejidad del saber a la risibilidad de la vida teorética.

El problema fundamental del *Teeteto* es resolver la cuestión sobre lo que el saber sea (146a) y lo que esto supone desde un punto de vista ético y existencial. Contrario al *Banquete*, abundan los argumentos y no obstante encontramos constantemente intenciones burlescas (165b-d) en el mismo modo de plantearlos —sobre todo cuando Sócrates contraargumenta las posiciones de sus interlocutores—, acompañados de reflexión en torno al otro tema, específicamente en pasajes tales como la sustitución de la verdad y la falsedad por la utilidad y el perjuicio (166d) y la distinción del filósofo del orador (172c-177c). El problema acerca de ¿qué significa saber? surge en el contexto de un diálogo que, contrario al *Banquete*, es una conversación directa entre Sócrates, Teodoro y Teeteto, de la cual se infieren tres definiciones: el saber como percepción y la distinción entre el filósofo y el orador (151d-186e); el saber como opinión verdadera y el fracaso de la explicación de la opinión falsa (187a-201c); finalmente, el saber como opinión verdadera y explicable (201c-210b). Pero para responder a la pregunta «[¿]qué es el saber en sí mismo[?]», sin caer en enumeraciones sobre «acerca de qué cosas trata el saber ni cuántos hay» (146e), es menester admitir el supuesto en virtud de lo cual es ἐπιστήμη, «saber» y no, por ejemplo, τέχνη. Esos prerrequisitos son: verdadero e infalible toda vez que su objeto debe ser algo real (152c, 160d, 200c, 207e ss), explicable o enseñable (152c, 186c) y resultar de una opinión verdadera (202d). La respuesta a la pregunta y la plausibilidad de las definiciones se juega en el cumplimiento de estos supuestos.

Primera definición: el saber como αἴσθησις, percepción, y la distinción entre el filósofo y el orador (151e-186e)[4]. Teeteto enuncia su tesis en los siguientes términos: «el que sabe algo percibe esto que sabe» (151e). A Sócrates le resulta ser una interpretación de la sentencia de Protágoras: «el hombre es medida de todas las cosas, tanto del ser de las que son, como del no ser de las que no son» (152a, 160c, 178b), y de hecho, hace admitir a Teeteto que le ha leído. A pesar de la fama que Protágoras goza ante Platón, como puede verse más adelante, la interpretación socrática atribuye un relativismo basado en la negación del ser de las cosas, supuesto ontológico y epistemológico que a su vez deriva de una interpretación amañada de la comprensión de Heráclito[5] y Empédocles sobre la realidad: todo está en proceso de llegar a ser, o bien por el movimiento como traslación, o bien por el movimiento como fricción y mezcla de propiedades (152d-e, 153a) o alteración (181d). Dicho de otro modo, la tesis del *homo mensura* hurta toda la realidad y existencia objetiva de las cosas (152d-e, 160d, 172b, 178b) para atribuírsela al perceptor quien toma lo perceptible y lo constituye (156a, 157a, 160a-b). Teeteto cede ante Sócrates y declina su posición, considerando desacertada la tesis: «lo que parece a cada uno es realmente así para aquel al que se lo parece» (162c). Así que el nuevo reto es averiguar «si el saber y la percepción son lo mismo o son cosas diferentes» (163a). Después de varios argumentos, la supuesta identidad es destruida, sobre todo, cuando se llega al punto en que se contrasta entre el saber por la experiencia sensible y el saber por el recuerdo.

¿Qué significa percibir? Percibir no es recibir impresiones, sentir cualidades específicas a través de los órganos sensoriales (185c), sino discernir lo que las cosas tienen en común, como el ser, que las acompaña a todas, haciéndolas semejantes y desemejantes, idénticas y diferentes, en su mutua oposición y el ser de tal oposición (186a-b), desde y a través del pensamiento, *dianoein*, el pensar reflexivo. Ni las cosas son en sí mismas, ni el ser percibidas es suficiente para saber, pues tanto las cosas como el percibir en cuanto tal se encuentran determinados por lo que las coliga: el desocultamiento de su ser, en otras palabras, el saber *de* algo estriba en la verdad *del* ser (186c-d). En definitiva, el *percibir* lo que aparece, lo ente, y el *saber* de la apariencia, las Formas, no son idénticos.

Segunda definición: el saber como opinión verdadera y el fracaso de la explicación de la opinión falsa (187a-201c)[6]. El saber es una actividad del alma, en sí misma, por sí misma y consigo misma[7] con lo que es en su verdad, en su desocultamiento (187a y 189e), de ahí que Teeteto reformule la primera definición en los siguientes términos: el saber es opinión verdadera (187b-c). Sólo de aquello que nos sobreviene, se desoculta, podemos tener experiencia, opinión verdadera; sin embargo, en sentido estricto, esto es un nivel intermedio entre la ignorancia y el saber, que ya no es de lo que se nos presenta, sino de la presencia misma en la cual tiene toda presentación su espacio-tiempo, su sentido. Para elucidar lo que sea una opinión verdadera, Sócrates procede por vía negativa, preguntando por la opinión falsa. Cinco son sus respuestas: a) contrario al saber, sería el no saber (187c-188c); b) contrario al ser, sería acerca del no ser (188c-189b); c) tomar-declarar una cosa por otra (189b-190e); d) discordancia, disociación o discrepancia entre el percibir lo que se presenta (la impresión) con el conocer la presencia (impronta) en el pensamiento —grabado en la tablilla de cera— (191c-196a); e). aunque tenemos conocimientos en la mente —palomar— los cuales hemos adquirido a lo largo de la existencia, no sabemos —recordamos— que lo tenemos y erramos al tomar otro en lugar de algo otro (197b-200c). Todas estas apuestas presentan serias deficiencias, las tres primeras dado su carácter absoluto y excluyente; las dos últimas, o bien porque hay casos en los que no hay una percepción sensible como en el de los números (195e-196a), o bien porque desconozcamos voluntariamente algo que conocemos o confundamos dos cosas de las que tenemos conocimiento (199d). Sócrates se burla del fracaso, que toma por castigo, al que les ha conducido andar detrás de la opinión falsa descuidando el asunto en cuestión: el saber (200c-d). Pero la burla mayor no estriba en la inutilidad de toda esta dura argumentación, sino en torno al mayor descuido de lo que para la opinión es lo más inútil: la Forma, toda vez que el percibir y lo percibido gestan el juego especular de su aspecto, su presencia, no en la tablilla de cera o pajarera, sino en la Forma de las formas. Tampoco la opinión verdadera es admitida como definición del saber (201a-201c), toda vez que no deja de ser opinión, del mismo modo como una mentira, por más piadosa que sea, no deja de ser mentira. Pero no sólo esto, mientras que los oradores y abogados hacen adquirir una opinión determinada (201b), sin una experiencia directa no sólo de las cosas, sino de lo que las hace ser tales cosas, los filósofos dejan ver los fundamentos racionales tanto de todo conocimiento —fuente de inteligibilidad— como de toda acción —bien sumo al que deben estar orientadas—.

Tercera definición: el saber como opinión verdadera acompañada de *logos* (201d-210b)[8]. Para que esta definición sea plausible se exige la comprensión de *logos*, del que Sócrates expone tres sentidos: a) articulación verbal de lo que se piensa (206d), esto es, *logos* como enunciado; b) enumeración de los elementos simples que componen un objeto (207a), *logos* como análisis; y c) decir la característica diferenciadora a partir de la cual una cosa se distingue de otra (208c), *logos* como distinción. En cualquiera de los tres sentidos se encuentran también deficiencias: la primera es muy general; en la segunda, no hay un criterio o fundamento racional que los coligue; en la tercera, la diferencia no puede ser algo al margen del saber mismo del objeto. En concreto, ya como enunciado, ya como análisis, ya como distinción, se requiere de la Forma que los coliga, de la unidad especulativa a partir de la cual encuentran inteligibilidad.

Entre la primera y segunda definición, a partir de la misma tesis de que las cosas son para cada uno como le parecen, aparece la digresión sobre la distinción entre el filósofo y el orador (172c-186e) y, dentro de ésta, la anécdota de Tales y la esclava tracia (174a-177c). Aquí es donde a nuestro juicio se juega nuestra tesis sobre la risa como segunda navegación para la reflexión, aplicada ella a la burla sobre la utilidad de la filosofía. La digresión en torno a la diferencia entre el filósofo y el orador nos ofrece dos ideas fundamentales: allende al subjetivismo relativista de la percepción, nivel del orador, se halla el plano de las Formas, un «lugar... limpio de todo mal» (177a), ámbito del filósofo; más allá de lo cotidiano, de lo particular, de lo útil para la existencia inauténtica, al filósofo le interesan cuestiones tales como el sentido del ser-humano, del filosofar (174b), de lo justo y de aquello que no lo es (175c).

En 172a-b, Sócrates cesa la argumentación que viene haciendo sobre la definición del saber como percepción y la interpretación del *homo mensura* como la teoría que mejor la representa porque advierte una argumentación que cada vez los lleva más lejos. Su interlocutor inmediato, Teodoro, le reclama por la prisa mostrada como si no tuviesen tiempo libre. Aquí es donde, en boca del mismo Sócrates, Platón suelta la carcajada sobre el ridículo que hacen quienes se burlan de la utilidad de la filosofía. Quienes se dedican mucho tiempo a la filosofía, dice Sócrates, en asuntos mundanos[9], parecen oradores —léase hoy abogados— ridículos (172c). En contraste, los oradores y políticos[10], que desde pequeños se han formado en los tribunales y demás, «parecen haber sido educados como criados, si los comparas con hombres libres» (172c-d), esto es, con los filósofos. Mientras que los filósofos disfrutan el tiempo libre y componen sus discursos en paz, no les coarta la extensión o brevedad de argumentos, sino que les mueve sólo la búsqueda de la verdad, los oradores y políticos son esclavos de la clepsidra, sus discursos versan sobre los afanes particulares de los muchos, y están dirigidos a un juez, a un gobernador, o a un empresario; se vuelven corruptos, aduladores, carecen de magnanimidad, honestidad y libertad, «sin embargo, creen que se han vuelto hábiles y sabios. Así es esta gente» (173b). Así mismo, a diferencia de los corifeos, término con el que se pretende identificar a oradores y políticos, los filósofos no caen en contubernios, ni confabulan noticias falsas para ganar fama u ocupar altos cargos, la diferencia de clases o abolengos les importa nada. En el filósofo, el cuerpo es a la ciudad como el pensamiento es al todo (173e).

En la anécdota de Tales se narra la providencia de la filosofía y el designio del filósofo. Tales cae en un pozo por estar mirando hacia arriba, estudiando los astros; la esclava tracia, «ingeniosa y simpática», como los oradores y políticos, pero esclavos al fin y al cabo, se ríe del filósofo porque queriendo saber las cosas del cielo, se olvida de las de la ciudad (174a)[11]. Esclava tracia y los muchos, pozo y ciudad. Si bien es cierto que por la impericia en los asuntos de la ciudad, el filósofo «da una imagen de necedad» (174c), también lo es que ante la adulación y vanagloria de los demás se ríe como loco. El elogio a un dictador significa lo mismo que la felicidad de un pastor de cualquier animal de rebaño por la grasa, carne, lana o leche que extrae de ellos; mientras que el dictador es esclavo en sus muros, el pastor lo es en sus rediles. La propiedad de la tierra, por más ubérrima que ella sea, es un asunto baladí cuando se alcanza entera; la prosapia, por más rancia, extensa y rica, es un asunto obtuso que no deja ver el todo. Ese olvido de lo particular, próximo y vecinal no es una separación radical del mundo sino todo lo contrario, es el cuidado de lo que hace al hombre en cuanto tal y lo que coliga al mundo. El filósofo no se entretiene con el árbol, sino que comprende el lugar de éste en el bosque. A pesar de todo esto, por soberbia, desconocimiento o perplejidad, el filósofo sirve de mofa al pueblo (175b).

Pero he aquí que Sócrates presenta, contra la burla de los muchos, la verdadera utilidad del filósofo, cuando cual *daimon* «consigue elevar a alguien a un plano superior» (175b) a preguntarse, no por este acto justo o aquel injusto, no por quién es político, rico o feliz, sino por la justicia o injusticia, por el poder, la fortuna y la felicidad en sí mismas. Pero quien es «de mente estrecha, sagaz y leguleyo» (175d), incapaz siquiera de plantearse dichas cuestiones, cuando se las formulan siente vértigo y balbucea, tan desgraciado es que ni una esclava tracia se ríe de él porque esclavos como son, sin educación, ni libertad que a través de ella se gana, no perciben la situación. En definitiva, la verdadera utilidad de la filosofía no se cifra en una *fuga mundi*[12] como suelen atribuir los muchos, ni en la acumulación de fama, ni en la apariencia de gloria como suponen los oradores y políticos, sino en esto: «hacerse uno tan semejante a la divinidad como sea posible» (176b), y esto significa ser libre para ajustarse a lo más justo, aquello que ajusta a todo en su ser, felicidad suprema. En contraste, el castigo a quien comete injusticia no es el golpe, la cárcel o la muerte, sino vivir en el infortunio (176e-177a).

A modo de conclusión, tanto en *Banquete* como en *Teeteto*, la risa no es el último recurso al que se acude ante el silencio de la razón y la falta de argumentos, sino todo lo contrario. Entre chanza y chanza encontramos que es la misma razón la que se burla de la sinrazón, de aquella bien administrada sinrazón que pregunta por la utilidad de la filosofía y del filósofo como se pregunta por la utilidad de la ingeniería y del ingeniero, pese a que se caigan puentes o edificios; como se pregunta por la riqueza de la mina o del páramo, aun cuando el deterioro del medio ambiente ya no tenga reversa; como se pregunta por la tasa de retorno de un negocio, aunque la corrupción impida justicia social. Detrás de cada carcajada de Platón hay un argumento no enunciado; detrás de cada señalamiento de inutilidad de la filosofía hay, cada vez más, la necesidad de filosofar.

Terminando el *Teeteto*, podemos leer que Sócrates anticipa lo que tanto en su época como hoy se pregunta: «¿No nos dice nuestro arte de partear que todo esto ha resultado ser algo vacío y que no merece nuestro cuidado?» (210b). La respuesta no se hace esperar, ya que ante una posterior búsqueda del saber, o bien *será mejor* gracias a lo ganado, o bien *quedará más libre* de su propia necedad: creer que sabe, cuando realmente ignora. Dice Sócrates: «Esto, efectivamente, y nada más es lo único que mi arte puede lograr» (210c). Como se infiere de las tres definiciones ofrecidas, ninguna de ellas es admitida como la definitiva, pues de acuerdo con Boeri (2004-2005: 130), el saber por el que se pregunta aquí no es el saber «proposicional», sino «disposicional». Dicho en otros términos, la ganancia que proporciona el camino mismo a través del cual se busca el saber y de la liberación que supone el caminar en torno del saber, supone una utilidad mayor que aquella explicación que representa la sola definición.

En definitiva, el humor ha resultado ser aquella forma de conocimiento que se burla tanto de los límites de la razón que por más que procura un conocimiento último de lo existente no lo alcanza de un modo absoluto, como de aquella razón que pide cuentas de lo que para ella resulta ser lo más inútil, cuando *la utilidad de lo inútil* (Ordine: 2016) se advierte solamente a partir de la propia desmistificación del utilitarismo.

Notas

1 Para un análisis más detallado de los siete discursos, cf. Velásquez (2002).

2 En este pasaje, nótese cómo Platón pone en boca de Erixímaco la interpretación de la teoría de la armonía de los contrarios de Heráclito, recogida en DK 22 B51, entre otros. Importante no perder de vista que también en *Sofista* 242e menciona el mismo fragmento, esta vez en boca del Extranjero de Elea, quien pese a ser un eléata, no es compañero de Parménides y Zenón, y sin embargo, «es todo un filósofo» (216a).

3 Todas las traducciones de los autores clásicos están recogidas de las ediciones indicadas en la bibliografía.

4 Sobre esta primera definición, cf. Burnyeat (1990: 7-61); Cooper (1990: 118-140); Crombie (1979: 11-56); Sedley (1996: 80-93).

5 Colvin (2007: 760) señala dos cuestiones importantes: de una parte, para Platón, «el devenir no está comprendido como parte de la unidad de los opuestos»; de la otra, lo que es peor, que «tanto el devenir en sí mismo como la unidad de los opuestos están considerados como fenómenos inherentes a la naturaleza de lo sensible» (traducción mía). Crombie (1979: 18-21, 34-39) sostiene que la posición de Platón es contra un cierto heraclitismo desenfrenado —nada permanece—, que lo diferencia de un heraclitismo normal —todo deviene—.

6 Cf. Burnyeat (1990: 65-127); Cooper (1990: 141-151); Sedley (1996: 80-93).

7 Platón, *Sofista*, 263e.

8 Cf. Burnyeat (1990: 128-241); Cooper (1990: 234-279); Fine (1979); Sedley (1996: 80-93).

9 Platón, *Gorgias* 484c ss; *República* VI 487b-d.

10 Platón, *Gorgias* 513a-c, 518c, 521a-b.

11 Aristóteles, *Política* 1259a.

12 Platón, *Fedón* 69a-c.

6 Recuérdese que en el *Banquete* (223cd) Sócrates defiende que hay un arte de escribir que supera e integra tragedia y comedia. Tal arte es el de los diálogos platónicos.

7 Francisco J. Gonzalez (1998: 245-274) ha mostrado de un modo magistral cómo la *Carta VII* viene a decir lo mismo.

Referencias bibliográficas

ARISTÓTELES, *Política*, traducción, introducción y notas de Manuela García Valdés, Editorial Gredos, Madrid 1988.

BOERI, M., «Estados de creencia y conocimiento en Platón», ΔΙΑΔΟΧΗ, 1-2, 2004-2005, pp. 123-139.

BURNYEAT, M., *The Theaetetus of Plato*, Hackett Publishing Company, Indianapolis 1990.

COLVIN, M., «Heraclitean Flux and Unity of Opposites in Plato's *Theaetetus* and *Cratylus*», *The Classical Quarterly*, 57(2), 2007, pp. 759-769.

COOPER, J. M., *Plato's Theaetetus*, Garland Publishing, New York 1990.

CROMBIE, I. M., *Análisis de las doctrinas de Platón 2. Teoría del conocimiento y de la naturaleza*, versión española de A. Torán y J. C. Armero, Alianza Editorial, Madrid 1979.

DÍAZ GENIS, A., «La filosofía antigua como *terapéutica del alma*, ¿antecedente del psicoanálisis?», *ETD: Educação Temática Digital*, 11, 2010, pp. 81-100.

FINE, G. J., «Knowledge and Logos in the *Theaetetus*». *The Philosophical Review*, 88(3), 1979, pp. 366-397.

MARTÍN FERRERO, F., «El puesto de Aristodemo entre los comensales y su desaparición de la serie de oradores en el *Banquete* de Platón», *Cuadernos de Filología Clásica*, 5, 1973, pp. 193-206.

ORDINE, N., *L'utilità dell'inutile*, Bompiani, Milano, 2016.

PLATÓN, *Diálogos II: Gorgias, Menéxeno, Eutidemo, Menón, Crátilo*, traducciones, introducciones y notas de J Calonge, E. Acosta, F. J. Olivieri y J. L. Calvo, Editorial Gredos, Madrid 1987.

PLATÓN. *Diálogos III: Banquete, Fedón, Fedro*, traducciones, introducciones y notas de C. García, M. Martínez y E. Lledó, Editorial Gredos, Madrid 1988.

PLATÓN. *Diálogos V: Parménides, Teeteto, Sofista, Político*, traducciones, introducciones y notas de M. I. Santa Cruz, A. Vallejo y N. L. Cordero, Editorial Gredos, Madrid 1988.

SEDLEY, D., «Three Platonist Interpretations of the *Theaetetus*», en Gill, C. & McCabe, M. M. (Eds.), *Form and Argument in Late Plato*, Clarendon Press, Oxford 1996, pp. 79-103.

VELÁSQUEZ, Ó., *Platón: El* Banquete *o siete discursos sobre el amor*, Editorial Universitaria, Santiago de Chile 2002.

IV. Goethe sobre el «Ion», diálogo aristofanesco*

Javier Aguirre Santos

1. El enfado de Goethe con Stolberg

El 21 de noviembre de 1795, Goethe dirige una carta a Friedrich Schiller en los siguientes términos: «¿Ha leído usted ya el repugnante prólogo de Stolberg a sus diálogos platónicos? Los puntos débiles que muestra son de tan mal gusto y tan insufribles que tengo ganas de ir allí y darle un guantazo». Dos semanas después, el 3 de diciembre, Goethe se dirige a Wilhelm von Humboldt en términos similares: «¿Ha visto usted ya el monstruoso prólogo de Stolberg a sus diálogos platónicos?... (scil. Stolberg) presenta una manifiesta burla [*Persiflage*]... como un libro canónico para ser venerado»[1]. El enfado de Goethe se debe a la inclusión del *Ion* entre los diálogos canónicos de Platón en la traducción del filólogo F. L. G. Stolberg, inclusión que, a juicio del gran poeta alemán, está totalmente injustificada. El enfado de Goethe con Stolberg le lleva a escribir también un breve texto, publicado en 1797, titulado *Plato als Mittgenosse einer Christlichen Offenbahrung*, en el que aborda la crítica del contenido del

---
* Este trabajo se enmarca dentro del Proyecto de Investigación EHU15/02, financiado por la Universidad del País Vasco/Euskal Herriko Unibertsitatea.

diálogo y niega la inclusión de dicha *burla* o *parodia* entre las obras del filósofo ateniense. Por su brevedad, el texto de Goethe merece ser incluido en su totalidad:

> Platón como parte
> de una revelación cristiana
>
> Nadie creería haber obtenido lo suficiente del Creador Eterno si hubiera de admitir que, tanto para todos sus hermanos como para él mismo todo estaba ya solucionado: un libro extraordinario, un profeta extraordinario, les habían señalado el camino de manera magnífica y únicamente por esa misma vía pueden todos obtener la salvación.
>
> ¡Cuán sorprendidos estaban por tanto en todo momento aquellos que se habían entregado a una doctrina excluyente cuando encontraban también fuera de su círculo a personas racionales y buenas, personas a las que se les había permitido perfeccionar del modo más completo su naturaleza moral! ¡Qué les restaba entonces por tanto sino permitir una revelación y, en cierta manera, una revelación especial!
>
> ¡Pero es así! Esta opinión permanecerá eternamente entre aquellos que con gusto desean y se atribuyen privilegios, aquellos a los que no les agrada la visión del gran mundo de Dios ni el reconocimiento de sus efectos generales ininterrumpidos y que no deben ser interrumpidos, entre aquellos que, no obstante, exigen para sus queridas propias personas, para su iglesia y para su escuela privilegios, excepciones y milagros que consideran por completo naturales.
>
> Así, Platón consiguió el honor de formar parte de una revelación cristiana. También de este modo se nos presenta aquí su figura.

El lector de un autor como Platón quien, a pesar de todos sus logros, sigue siendo vulnerable a alegaciones de sofística y teúrgia, siente la necesidad de una presentación clara y crítica de las circunstancias y los motivos que llevaron al autor a escribir el texto. Tales comentarios explicativos resultan de especial interés para aquellos que estudian a Platón no con una mera voluntad de formación superficial —esto puede obtenerse de autores de mucha menor calidad— sino que lo hacen para familiarizarse con este ilustrísimo hombre como individuo. Lo que nos educa no es la apariencia de lo que otros podrían ser, sino el conocimiento de lo que fueron y son.

¡Cuánto agradecimiento de nuestra parte se hubiera granjeado el traductor si él mismo hubiera presentado brevemente en sus edificantes notas la posible ubicación del anciano escritor, el contenido y el propósito de cada una de sus obras, tal como hizo Wieland en sus traducciones de las obras de Horacio!

Así, ¿cómo es posible que se considere el *Ion* como un texto canónico si este pequeño diálogo no es más que una burla? ¡Seguramente porque al fin y al cabo estamos hablando de inspiración divina! Por desgracia, aquí Sócrates se sirve, como en muchas otras ocasiones, de la ironía.

Todo escrito filosófico está atravesado, aun cuando este es apenas visible, por un hilo resolutamente polémico: quien filosofa está reñido con las ideas tanto del mundo que lo precedió como de su mundo contemporáneo. De este modo, las conversaciones de Platón, a menudo, no son simplemente *sobre* algo, sino que también están dirigidas *contra* algo. Puede ser incluso que este segundo significado, tal como ha sucedido hasta ahora, se desarrolle y presente cómodamente al lector alemán por mérito único y exclusivo del traductor. Permítannos añadir algunas palabras más sobre el *Ion* en este sentido. La máscara del Sócrates platónico, puesto que de este modo podemos llamar a cualquier figura fantástica, y que Sócrates, tal como sucedía con la aristofanesca, no reconocía como su fiel retrato, se encuentra en el diálogo con un rapsoda, un lector, un declamador, que había obtenido la fama por sus recitales de los poemas de Homero y que había incluso ganado un premio por ello, y pensaba lograr uno nuevo pronto. Platón nos muestra a este Ion como una persona de lo más estúpida, como alguien que, a pesar de declamar con énfasis la poesía homérica y saber cómo conmover a su público, y que se atreve incluso a hablar de Homero si bien probablemente lo hace más para parafrasear los versos que para explicarlos, más para aprovechar la ocasión de decir algo que para lograr acercar el espíritu del poeta a sus oyentes mediante su exégesis. ¡Pues qué persona ha de ser si admite sinceramente que se duerme cuando se recita o explica a otros autores! Se ve claramente que una persona tal solo puede haber obtenido su talento por medio de la tradición familiar o de la práctica. Es probable que le favorezca el tener buen aspecto, una predisposición alegre y un corazón capaz de ser conmovido; no obstante, sigue siendo un naturista, un mero empírico que no había pensado sobre su arte ni las obras, sino que se limitaba a moverse en círculos de forma mecánica y, a pesar de todo, se consideraba un artista y así se le consideraba también probablemente en toda Grecia. A un bobalicón tal escoge el Sócrates platónico para deshonrarlo. En primer lugar, le hace reconocer su limitación y, después, le hace comprender que entiende poco del detalle homérico y le compele a admitir que, puesto que el pobre pelagatos no puede hacer otra cosa, está siendo exaltado por medio de la inspiración divina. Si el suelo es divino, también el escenario aristofánico se postula como un lugar bendito. Tan poco seria es la máscara de Sócrates para convertir a Ion como tan pequeña es la consideración del autor para instruir al lector. El famoso, admirado, coronado, asalariado Ion debería ser presentado en su entera desnudez, y el texto debería llevar por título «Ion o el rapsoda avergonzado», puesto que ninguna parte de la conversación tiene nada que ver con la poesía.

De esta conversación, como otras platónicas, llama sobre todo la atención la increíble estupidez de algunos personajes que logra que, por contraposición, solamente Sócrates logre tener la razón. Si Ion hubiese tenido una sola pizca de conocimiento en poesía, podría haber respondido descaradamente a la ridícula pregunta de Sócrates (537b): ¿a quién entiende mejor a Homero cuando habla de los aurigas (*Ilíada* XXIII 340), el conductor del vehículo o el rapsoda? Seguro que el rapsoda: el auriga solamente sabe si Homero está *en lo cierto*, mientras que el perspicaz rapsoda sabe si habla *con propiedad*, si él, como poeta y no como descriptor de una carrera, cumple con su deber. Al evaluar al poeta épico hemos de tener en cuenta tan solo la apariencia y los sentimientos y no tanto el conocimiento, si bien también una ojeada libre sobre el mundo y todo lo que le concierne puede ser de utilidad. ¿Qué se necesita cuando no se quiere mistificar a alguien recurriendo a una inspiración divina? En el arte encontramos varios casos en los que ni siquiera el zapatero puede juzgar la suela (Plinius, *Nat. Hist.* XXXV, 85), ya que el artista cree totalmente necesario sacrificar partes secundarias para llegar a objetivos más altos. Así, en mi vida, yo mismo he escuchado quejarse a más de un auriga de postín de cómo es posible que los caballos tiren del carro aun sin arreos. De hecho, tenía razón el conductor porque todo aquello le parecía por completo artificial. No obstante, el artista también estaba en lo cierto al no interrumpir la hermosa forma del cuerpo de su caballo por un desafortunado hilo. Estas ficciones, estos jeroglíficos necesarios en el arte, son incomprendidos por aquellos que quieren saber toda la verdad lo que arrancaría el arte de su esfera. Declaraciones hipotéticas similares de antiguos y conocidos escritores, que en el lugar en el que están podrían ser útiles, no deberían volver a ser publicadas sin incluir comentarios sobre lo relativamente equivocadas que pueden llegar a estar. Lo mismo sucede con la falsa enseñanza de la inspiración.

Que una persona que no tiene ningún genio poético logre una vez escribir un poema bueno o loable es una experiencia que se repite con frecuencia y lo único que demuestra es lo que son capaces de generar una vívida participación, buen humor y pasión. Uno admite que el odio suplanta al genio y esto se puede decir de todas las pasiones que nos impulsan a la acción. Incluso el reconocido poeta es sólo en ciertos momentos capaz de mostrar su talento al máximo grado y deja continuar psicológicamente ese efecto del alma humana sin que sea necesario buscar refugio en milagros o efectos extraordinarios. Para ello sería necesario tener la paciencia suficiente para comprender los fenómenos naturales, cuyo conocimiento nos ofrece la ciencia. No obstante, por supuesto, es más cómodo mirar hacia otro lado que apreciar lo que ella produce con perspicacia y equidad.

En este diálogo platónico es destacable que Ion, después de haber reconocido su ignorancia respecto a la adivinación, la conducción, la medicina y la pesca, afirme que se siente especialmente cualificado para ser general. Probablemente, era esto último una afición particular de este talentoso si bien necio individuo, un antojo que le había sobrevenido debido a su trato con los héroes homéricos y que, además, no le era ajeno a sus oyentes. ¿Y no nos hemos percatado de antojos similares entre hombres que, en el resto de los casos, son más sensatos de lo que Ion se muestra en este texto? ¿Quién oculta en nuestros tiempos la buena opinión que alberga de sí mismo, la idea de que no es el más incapaz para dirigir un regimiento?

Con auténtica maldad aristofanesca, Platón retrasa el golpe de gracia para su pobre pecador: él, aturdido y después de que Sócrates le brinde la oportunidad de escoger entre bellaco y hombre de Dios, se abalanza obviamente sobre esta última opción y agradece cortés a la par que atónito que se le quiera considerar de tan buena forma. Así, si la tierra es un lugar sagrado, el teatro aristofánico también debería considerarse suelo bendito.

Un servicio extraordinario y un aporte inconmensurable a nuestra educación nos prestarían aquellos capaces de explicarnos qué es lo que nos quieren contar hombres como Platón, bien sea en tono serio, jocoso o medio en broma, bien con completa convicción o tan solo como ejercicio discursivo. Ya han pasado los tiempos en los que las sibilas profetizaban bajo tierra: exigimos la interpretación crítica y queremos juzgar nosotros mismos antes de aceptar lo que se nos dice y aplicárnoslo (Goethe, *Plato als Mittgenosse einer Christlichen Offenbahrung*. En Grumach, 1949: II, 758-762. Trad. de Beatriz Tolosana y Raquel Gracia).

En este breve y combativo texto, Goethe se pregunta cómo puede el *Ion* ser presentado como un libro canónico, siendo que el breve diálogo no es sino una burla. El poeta se responde a sí mismo afirmando que ello se debe a que el final del diálogo evoca la inspiración divina, aunque, como en otras tantas ocasiones, Platón no hace sino ironizar. A juicio de Goethe, el Sócrates platónico descrito en el *Ion* es una simple máscara, una figura imaginaria en la que Sócrates se reconoce en la de Aristófanes. En cuanto a la figura del rapsoda, Goethe señala que un tal hombre no puede haber obtenido su talento más que por la tradición o el ejercicio. Probablemente estaba dotado de un porte aventajado, de una buena voz, y de un corazón capaz de emoción; pero con todo ello, no se trata más que de un naturalista, un simple hombre de recetas que jamás había reflexionado sobre su arte ni sobre las obras, sino que giraba mecánicamente en un círculo cerrado, considerándose a pesar de ello poeta y estimado probablemente por toda Grecia. Goethe compara al Sócrates descrito en el *Ion* con el poeta cómico Aristófanes, niega que Platón haya tenido ningún interés por instruir al lector, y niega también que el tema del diálogo tenga nada que ver con la poesía. Goethe se queja, asimismo, de las falacias en las que cae Sócrates, como cuando en 538b le pregunta al rapsoda si es el poeta o el auriga quien mejor comprende sobre la conducción del carro, cuestión a la que, a juicio de Goethe, el rapsoda podría haber respondido: seguramente el poeta, pues el auriga sabe solamente si Homero habla correctamente, pero el rapsoda inteligente ve si Homero habla convenientemente, si es que él cumple con su deber de poeta, y no como cronista de cursos de carro. Porque, a juicio de Goethe, sólo la intuición y el sentimiento, y no propiamente el conocimiento, revelan la jurisdicción del poeta épico, con su mirada libre sobre el mundo y todo lo que le concierne. Y siendo así, ¿quién tiene necesidad de refugiarse en la inspiración divina?

Pero lo que más sorprende a Goethe del diálogo platónico es la dureza con la que es tratado el rapsoda, y que Ion, una vez reconocida su incompetencia en diferentes artes, finalice (541b) nada menos que pretendiendo sentirse particularmente competente en el dominio de la estrategia. También considera una maldad puramente aristofanesca dejarle escoger a Ion entre ser un hombre injusto o ser un hombre divino. Por todo ello, concluye Goethe, quien nos exponga ahora lo que hombres como Platón han dicho seriamente, por placer o medio placer, por convicción íntima o de modo dialéctico, rendirá un servicio extraordinario y contribuirá en gran medida a nuestra instrucción, en clara alusión crítica a Stolberg por haberse tomado en serio el diálogo. En resumen, Goethe encuentra en el *Ion* una simple burla, un humor exagerado, aristofanesco, vacío de contenido filosófico, ajeno al tratamiento serio de la poesía y de la inspiración poética, de contenido falaz y sofístico. Y por esas razones, rechaza incluirlo entre los diálogos canónicos[2].

2. El Ion, *¿un diálogo aristofanesco?*

Algunos autores modernos han considerado que el *Ion* es un diálogo cómico, valoración que no extraña cuando se lee la obra del filósofo. A este respecto, Greene (1920: 63-64) afirma que al Sócrates platónico le gustaba utilizar una ironía que «confundía, irritaba y, en ocasiones, iluminaba a sus compañeros»[3]. Greene añade que los diálogos están llenos de un lenguaje llano que hace sentir al lector «estar escuchando la conversación de hombres de carne y hueso», y reúne una larga lista de personajes cuyo carácter es marcadamente cómico. Poco cabe añadir a lo expuesto por Greene hace ya casi un siglo. Pero que Goethe no sólo encontrara humor en la obra del ateniense, sino que calificara el *Ion* de «aristofanesco» hasta el punto de enojarse, es ciertamente una perspicaz forma de entender el diálogo. Y de hecho, numerosos especialistas han llamado posteriormente la atención sobre los elementos comunes que vinculan las obras de Platón y Aristófanes[4]. Es evidente que, en tanto que obra literaria de naturaleza dramática, los contenidos doctrinales del *Ion* no pueden ser desvinculados de sus elementos dramáticos, entre los que encontramos una buena dosis de humor y una trabajada caracterización de los personajes. Por otro lado, encontramos unos cuidados diálogos, no carentes de lógica argumentativa, pero también encontramos notables falacias por parte de Sócrates. Sin duda la mayor parte de humor la pone Ion, personaje cordial y afable, pero con una imagen sobrevalorada de su actividad y conocimientos. Ion no tiene rubor alguno en mencionar, ya al comienzo de su conversación, su victoria en Epidauro (530b), sus exclusivos conocimientos sobre Homero (530c-d) y su derecho a la corona de oro de los Homéridas (530d). Sócrates, por su parte, reconoce su admiración y cierta envidia hacia rapsodas, actores y poetas (530b-c) y rechaza ser considerado un sabio (532d). Sin embargo, más allá de este reconocimiento inicial mutuo, el diálogo está dirigido a negar la competencia de rapsodas y poetas en cualquier ámbito del conocimiento y, en consecuencia, a desbaratar también sus pretensiones pedagógicas y políticas. A este respecto, a lo largo del diálogo Ion trata en dos ocasiones de mostrarle a Sócrates la prueba práctica de su saber (530d y 536d), y en las dos ocasiones evita Sócrates la demostración, posponiéndola para más adelante, una vez que Ion haya aclarado cuál es su ámbito de conocimiento (531a y 536d-e), lo que Sócrates entiende como la condición de posibilidad de toda demostración posterior. La imposibilidad de Ion para responder satisfactoriamente a las preguntas de Sócrates hace innecesaria la demostración práctica que pretende, y, de hecho, el diálogo finaliza sin que Ion haya podido hacer demostración alguna de su supuesto saber, sin tan siquiera aclarar el tipo de comentario que lleva a cabo ante el auditorio, cuestión que Platón obvia muy conscientemente, por considerarla insignificante. Evidentemente, nadie puede discutir que el rapsoda posee una serie de reglas y conocimientos que le permiten realizar más eficazmente su trabajo —desde el cuidado de su presencia exterior hasta la modulación de su voz—, pero ese tipo de conocimiento no le interesa en absoluto a Sócrates, quien limita muy estrechamente el camino de su argumentación para centrarse en lo que realmente parece importarle: los contenidos técnicos de los poemas. A este respecto, cabe añadir que el aspecto puramente recitativo o performativo de la rapsodia, aun siendo importante, permanece en un segundo plano en el diálogo, siendo la cuestión de la interpretación o comentario explicativo del rapsoda [ἑρμηνέα, 530c] aquella en la que Sócrates se muestra especialmente interesado. Este interés se refleja en el vocabulario utilizado, de carácter claramente epistémico (συνιέναι, γιγνώσκειν, ἐπίστασθαι, φροντίζειν, κρίνειν, εἰδέναι), y en las dos nociones fundamentales de las que se va a servir Sócrates para describir la naturaleza de la rapsodia y la poesía: τέχνη [técnica, arte] y ἐνθουσιασμός [inspiración]. Por medio de la primera noción Sócrates consigue negarles la condición de saber universal a la rapsodia y a la poesía homérica —pues no es posible conocer y comentar un poeta siendo al mismo tiempo ignorante en todos los demás, ni es posible que la rapsodia y la poesía puedan ocuparse de todos los ámbitos del conocimiento—, mientras que por medio de la segunda el filósofo ilustra la naturaleza irracional de ambas —pues su origen no estriba en la posesión de un conocimiento técnico o científico, sino en la adquisición azarosa de una capacidad divina, una θεία μοῖρα procedente del exterior—. En este contexto de desacreditación de las actividades rapsódica y poética, lo que se había iniciado como un diálogo cordial, amistoso y cómplice (530b1: Τὰ πρῶτα τῶν ἄθλων ἠνεγκάμεθα [«nos llevamos el primer premio»]; 530b2-3: ἄγε δὴ ὅπως καὶ τὰ Παναθήναια νικήσομεν, [«asegúrate de que también venceremos en las Panateneas»]) en el que Sócrates expone incluso los motivos de su admiración por el rapsoda (530b-c), pasa a adquirir un tono de seriedad cuando Ion, tras ser obligado a postergar la demostración de su saber, afirma que su condición de experto se reduce únicamente a Homero (531a). A partir de ese momento y hasta el final del diálogo, Sócrates despliega una eficaz estrategia dirigida a desprestigiar la rapsodia, despojar a Ion de la palabra, empujarlo a la afasia, y, finalmente, legitimar la filosofía como nuevo discurso del saber[5]. En ese progresivo despojamiento de la palabra el primer paso lo constituye la negación de un ámbito propio de competencia sobre el que el rapsoda pueda juzgar quién habla correctamente y quién no (531e). Mediante la introducción de la noción de τέχνη Platón muestra el carácter problemático de la afirmación realizada por Ion sobre su propia capacidad interpretativa. La consecuencia es que el rapsoda, desposeído de un conocimiento sistemático que le garantice su condición de intérprete, queda desprestigiado ante sí mismo y ante el lector. La salida por la que opta Ion consiste en esgrimir su propia experiencia personal, el hecho evidente e innegable de que sólo presta atención cuando se menciona a Homero (532b-c), lo que le permite a Sócrates explicar su teoría de la *inspiración poética*, que constituye el segundo paso en el despojamiento de la palabra del rapsoda. Antes, Sócrates se cuida de asegurar su posición al establecer que su análisis sobre la τέχνη es válido, sin excepción, para toda τέχνη, considerada como un tipo de conocimiento sistemático relativo a una totalidad (532d-e), como lo ponen de manifiesto los ejemplos de la pintura, la escultura o la aulética, donde no es posible limitar el conocimiento a un solo autor. El célebre monólogo de Sócrates sobre la inspiración poética va a tener sobre Ion un efecto devastador, pues supone, en primer lugar, que la actividad del rapsoda no depende de una τέχνη, cosa que ya había sido demostrada, sino de una fuerza divina [θεία δύναμις, 533d2] por la que el rapsoda es poseído. Pero, en segundo lugar, la doctrina de la inspiración interrumpe el vínculo existente entre el rapsoda y el mensaje, convirtiendo al primero en un falso hablante, de modo que el rapsoda queda expropiado de cualquier mérito que pudiera arrogarse con respecto al discurso. El rapsoda pasa a convertirse en un mero canal por medio del cual habla la divinidad. Y lo mismo cabe afirmar del poeta, quien, en tanto que «cosa ligera, alada y sagrada» (*Ion* 534b), queda reducido a un ser marginal, capaz de traspasar los límites humanos, pero desvinculado de su creación. De un modo eficaz Sócrates ha despojado definitivamente de la palabra al rapsoda, lo ha marginado en la afasia, y el filósofo ha tomado el relevo de la palabra con sentido. Como certeramente ha afirmado Bettini (1989: 59), «la constitución de la figura del filósofo, como nuevo sabio, crece sobre la disolución de la vieja figura del saber». Aquella camaradería que parecía existir entre el rapsoda Ion y el filósofo Sócrates al comienzo del diálogo se revela, por consiguiente, ilusoria. Todo ello lleva a Goethe a enojarse por lo que a su juicio es un diálogo de carácter paródico, aristofanesco. Y en efecto, Goethe no está falto de razón, en la medida en que la caracterización de Sócrates y el rapsoda Ion a lo largo del diálogo se acerca a los tipos cómicos del ἀλαζών y el εἴρων de la comedia aristofanesca, donde el uno se muestra como siendo más de lo que realmente es, y el otro como siendo menos, en una suerte de confrontación caricaturesca en la que lo que se busca es la descripción real de hombre virtuoso.

Hay que hacer notar, sin embargo, que, en el caso del diálogo platónico, ambos personajes aparecen caracterizados de un modo más suave y matizado que en las comedias de Aristófanes: ni la vanidad de Ion es tan estúpida ni la ironía de Sócrates es tan cruel como suele serlo en la Comedia. Así, Ion no actúa como un desconsiderado patán que entra en escena interrumpiendo, sino como un hombre accesible y cordial que se muestra receptivo y sinceramente interesado en la compañía de Sócrates, cuya opinión desea escuchar (532c). Sócrates, por su parte, en ningún momento utiliza el sarcasmo ni la humillación, sino que se limita a practicar su habitual ironía y a aplicar la máquina argumentativa a la que dan pie ciertas afirmaciones del rapsoda. Ello no supone, sin embargo, que Ion no actúe con suma torpeza al hacer demasiadas concesiones a las opiniones expresadas por Sócrates, ni que la argumentación de Sócrates no esté exenta de frecuentes y notables falacias. Así, Ion muestra torpeza al aceptar el debate sobre la poesía en términos de conocimientos técnicos, como si los poemas homéricos pudieran ser reducidos a meros manuales de instrucciones o enciclopedias de saberes que en absoluto son. O al no caer en la cuenta de que los poemas homéricos, como cualquier otro objeto, pueden ser estudiados desde muy diversos puntos de vista, como los alimentos pueden ser estudiados por el médico, el nutricionista o el cocinero (531e-ss.). O al aceptar la extraña tesis de que los pintores y escultores no tienen sus propias preferencias, sino que todo les llama la atención y en todo caso tienen un juicio propio (532e-533b). Sócrates, por su parte, muestra su aspecto más falaz al plantearle al rapsoda la falsa alternativa en la que la τέχνη y el ἐνθουσιασμός aparecen como contradictorias y excluyentes, planteamiento que supone una auténtica novedad con respecto a toda la tradición anterior. O al obligarle a elegir entre ser un hombre injusto o un hombre divino tras negarse en dos ocasiones a escuchar el comentario del rapsoda sobre los poemas homéricos (541e-542a). Pero por encima de las torpezas cometidas por Ion y de las falacias perpetradas por Sócrates, el mayor error, compartido por ambos, es el de no comprender que el mundo real y el mundo poético deben ser valorados a partir de criterios diferentes, que entre la semántica proposicional y la semántica poética existe una distancia infranqueable, que el conocimiento factual del mundo real no funciona en el contexto de las construcciones ficticias[6]. Sin esa distinción previa, que ni Sócrates ni Ion parecen percibir, todo análisis posterior del hecho poético resulta sencillamente falaz. Y al revés: una vez que rechazamos la identificación socrática de los poemas homéricos con las proposiciones técnicas en ellos contenidos, descubrimos que Ion sí posee un conocimiento real, y que ese conocimiento lo constituyen los personajes, hechos y relaciones que adornan el mundo ficticio de Homero. Un conocimiento, en todo caso, que ni el Sócrates ficticio ni el Platón real están dispuestos a admitir... para enfado y frustración del gran Goethe.

Notas

1 Las cartas están recogidas en Grumach (1949: II, 758).

2 La opinión de Goethe sobre el *Ion* condicionará notablemente la valoración de los platonistas alemanes del siglo XIX sobre este breve diálogo, e incluso las opiniones sobre su autenticidad. Efectivamente, la principal razón de los pronunciamientos en contra de la autenticidad del *Ion* fue el tono ofensivo que muchos autores vieron en el trato de Sócrates hacia el rapsoda. Es importante señalar, por otro lado, que ninguno de los diálogos considerados espurios en la antigüedad aparece en las tetralogías recogidas por Diógenes (III, 62), pero que a pesar de la información transmitida por este autor y a pesar de que desde la Antigüedad se asume sin la menor duda la autoría platónica del *Ion*, a lo largo del siglo XIX se da un permanente debate en torno a su autenticidad. Una buena parte de los principales platonistas alemanes, incluidos Bekker (1816: I, 267), Ast (1818: 468 ss), Zeller (1875: II, 248), Ritter (1888: 15 ss) y el propio Wilamowitz (1893: 188, n. 4), negaron la autoría platónica, por considerarlo un texto impropio del filósofo ateniense. Una excelente revisión de las distintas opiniones sobre la autenticidad del diálogo se encuentra en Flashar (1958: 1-16). Una útil exposición del debate sobre la autenticidad del diálogo y de otros problemas vinculados a esta cuestión —la elección de un rapsoda como interlocutor, las reminiscencias con otros diálogos y otros autores o el lugar del *Ion* en el corpus platónico— se encuentra en Ott (1992: 37-56). Una revisión telegráfica de la variedad de posturas sobre todas esas cuestiones se encuentra en Campbell (1986). Hemos abordado esta cuestión en Aguirre (2012) y (2013: 71-92).

3 Salvo que se indique lo contrario, las traducciones son del Javier Aguirre.

4 Ver, por ejemplo, Adam (1969), Neuman (1969), Adkins (1970), Moors & Kayser (1975), Saxonhouse (1978) y Rankin (1979). Así, Saxonhouse (1978: 892) ha señalado que tanto *Las aves* como la *República* describen una sociedad utópica formada a partir del rechazo de las convenciones de la sociedad ateniense de la época. Por su parte, Adam (1969: 350-2) ve numerosos elementos comunes entre *Asamblea de mujeres* y el libro V de la *República*, entre los que señala la comunidad de bienes, mujeres y niños y un lenguaje muy similar. De hecho, Adam (1969: 353) cree que *Asamblea de mujeres* fue escrito antes que el libro V de la *República* y Rankin (1979: 14) señala que cuando Platón escribió el libro V probablemente tenía en mente *Asamblea de mujeres*. En cuanto al efecto negativo que la obra de Aristófanes pudo tener sobre la imagen de Sócrates entre sus conciudadanos, Adkins (1970: 24) indica que Platón es consciente del daño que provocó la comedia *Las Nubes*

en la reputación de Sócrates, de modo que trata posteriormente de atenuar ese daño mediante el uso del humor y la ironía. Por su parte, Moors & Kayser (1975: 20-22) creen que el ataque de Aristófanes contra Sócrates es consciente y eficaz, pues Aristófanes establece que el filósofo vence a través de una argumentación lógica, pero desde posiciones teórica y moralmente inferiores. De acuerdo con estos dos autores, la polémica entre Platón y Aristófanes tiene como origen la disensión en dos temas fundamentales: la contribución de la poesía y de la filosofía a la educación de los ciudadanos atenienses, y las virtudes que debe poseer el hombre virtuoso en vista a una vida buena. Un análisis de los elementos dramáticos del diálogo y del carácter aristofanesco de los personajes del *Ion* se encuentra en el interesante trabajo de Ranta (1967), si bien, a mi juicio, sobrevalora los elementos aristofanescos presentes en los personajes de Ion y Sócrates.

5 Bettini (1989) ha llamado la atención sobre el progresivo despojamiento de la palabra que sufre el rapsoda a lo largo diálogo, reflejo del descrédito de la rapsodia y la poesía y de la legitimación de la poesía como vehículos del saber. Una ilustrativa gráfica del proceso de apropiación de la palabra por parte de Sócrates se encuentra en Bremer (2005: 103).

6 Sobre esta cuestión, ver el magnífico trabajo de Liebert (2010), autor que, al señalar de modo ejemplar el lugar en que debe ser situado el debate sobre el conocimiento literario, tema fundamental del *Ion*, señala también la causa de las notables falacias y torpezas en las que caen sus dos personajes.

Referencias bibliográficas

ADAM, J., *The Republic of Plato*, Cambridge University Press, Cambridge 1969.
ADKINS, A. W. H., «Clouds, Mysteries, Socrates and Plato», *Antichthon*, 4, 1970, pp. 13-24.
AGUIRRE, J., «Goethe, Schleiermacher y la valoración del *Ion*», *Éndoxa. Series Filosóficas*, 29, 2012, pp. 73-92.
AGUIRRE, J., *Platón y la poesía. Ion*, Plaza y Valdés, Madrid 2013.
AST, F., *Platons Leben und Schriften*, Leipzig 1818.
BEKKER, I., *Platonis Dialogui, Graece et Latine*, Impensis GE, Berlin 1816.
BETTINI, M. S., «Il disciplinamento coatto. Dello *Ione*», *Lexis*, 3, 1989, pp. 53-73.
BREMER, J., *Plato's* Ion. *Philosophy as performance*, Bibal Press, North Richland Hills 2005.
CAMPBELL, P.N., «The Ion: Argument and Drama», *Res Publica Litterarum*, núm. 9, 1986, pp. 59-68.
FLASHAR, H., *Der Dialog Ion als Zeugnis platonischer Philosophie*, Akademie Varlag, Berlin 1958.
GOETHE, «Plato als Mittgenosse einer Christlichen Offenbahrung», 1797, en Grumach, E., *Goethe und die Antike*, II, De Gruyter, Berlin 1949, pp. 758-762.
GREENE, W. CH., «The Spitit of Comedy in Plato», *Harvard Studies in Classical Philology*, 31, 1920, pp. 63-123.
LIEBERT R. S., «Fact and Fiction in Plato's *Ion*», *American Journal of Philology* 131, 2010, pp. 179-218.
MOORS, K. & KAYSER, J. R., «Aristophanes Metrical Irony in *NEPHELAI* at 225», *Apeiron*, 9, 1975, pp. 20-24.
NEUMAN, H., «Socrates in Plato and Aristophanes», *American Journal of Philology*, 90, 1969, pp. 201-214.

OTT, S.D. *A Commentary on Plato's Ion*, tesis doctoral, UMI, Ann Arbor (MI), 1992.

PFEIFFER, R., *History of classical scholarship. From the beginnings to the end of the Hellenistic age*, Oxford University Press, Oxford 1968.

RANKIN, H. D., «The Comic Republic», *Polis*, 2, 1979, pp. 11-18.

RANTA, J., «The drama of Plato's *Ion*», *The Journal of Aesthetics and Art Criticism*, 26(2), 1967, pp. 219-29.

RITTER, C., *Untersuchungen über Plato*, Stuttgard, 1888

SAXONHOUSE, A. W., «Comedy in Callipolis: Animal Imagery in the *Republic*», *American Political Science Review*, 72, 1978, pp. 888-901.

WILAMOWITZ-MOLLENDORF, U., *Aristoteles und Athen*, Weidmann, Berlin 1893.

ZELLER, E., *Die Philosophie der Griechen*, Leipzig 1875.

V. Un chascarrillo sarcástico en el «Laques»*
Javier Aguirre Santos

1. Introducción

Aun aceptando el hecho de que el recurso al humor como instrumento de reflexión y de transmisión de contenidos filosóficos no es algo muy habitual en nuestra tradición, justo es reconocer que la sola obra de Platón sería más que suficiente para colmar las expectativas del lector más exigente. La propia naturaleza de la obra platónica, dramas literarios alejados del formato del ensayo científico o filosófico, da cauce a toda clase de recursos retóricos y poéticos, de los que Platón se sirve con profusión a lo largo de su extensa obra. Frente a aquellos que ven en la obra del filósofo ateniense el reflejo de una lucha interna entre el poeta y el filósofo, idea muy extendida entre sus intérpretes, ya desde el mismo Diógenes Laercio[1], hay que subrayar con fuerza que Platón en ningún momento abandonó su condición de poeta y que en ningún momento renunció al uso de recursos poéticos en vista al logro de una eficaz transmisión de contenidos filosóficos. Eso sí: frente a la

* Este trabajo se enmarca dentro del Proyecto de Investigación EHU15/02, financiado por la Universidad del País Vasco/Euskal Herriko Unibertsitatea.

agobiante presencia de una retórica y una poesía que, a su juicio, sólo buscaban agradar al público, aun al precio de maleducarlo y de emponzoñar su alma, Platón optó por una poesía y una retórica que no sólo fueran agradables, sino también útiles para la ciudad y los ciudadanos[2], lo que para Platón significa una poesía y una retórica sometidas a la dialéctica. Al contrario que la mayoría de los platonistas anteriores y posteriores, Nietzsche entendió perfectamente lo que el diálogo platónico supuso en la historia de la poesía griega; en este sentido, en significativa la siguiente reflexión contenida en su temprana obra *El nacimiento de la tragedia*:

> El diálogo platónico fue, por así decirlo, la barca en la que se salvó la vieja poesía náufraga, junto con todos sus hijos: apiñados en un espacio angosto, y medrosamente sujetos al único timonel Sócrates, penetraron ahora en un mundo nuevo, que no se cansó de contemplar la fantasmagórica imagen de aquel cortejo. Realmente Platón proporcionó a toda la posteridad el prototipo de una nueva forma de arte, el prototipo de la novela: de la cual se ha de decir que es la fábula esópica amplificada hasta el infinito, en la que la poesía mantiene con la filosofía dialéctica una relación jerárquica similar a la que durante muchos siglos mantuvo la misma filosofía con la teología: a saber, la de esclava. Esa fue la posición de la poesía, a la que Platón la empujó, bajo la presión del demónico Sócrates (Nietzsche, 1973: 141).

A juicio de Nietzsche, Platón habría sido el creador de una poesía sometida a la dialéctica en vistas a la transmisión eficaz de contenidos no meramente placenteros, sino también útiles. Entre los recursos utilizados por Platón en la confección de la nueva poesía, no falta el frecuente uso del humor y de la broma, incluso del humor y la broma de mal gusto. En este sentido, ¿qué lector puede contener la risa ante la escena final del *Banquete*, en la que un ebrio Alcibíades hace una brusca entrada en el banquete dedicado al poeta Agatón?, ¿qué lector permanece impasible ante las extravagantes etimologías que se nos ofrecen en el *Crátilo*? ¿Y quién no siente cierta ternura por Ion, ese rapsoda vencedor en los festivales de Asclepio, vapuleado sin demasiado miramiento por Sócrates en el breve diálogo que lleva su nombre?[3] Es importante señalar que en estos casos, como en muchos otros presentes en la obra de Platón, la función que cumple el recurso al humor va mucho más allá del juego puramente lúdico, y que a pesar de la aparente inocencia inicial, la intención del filósofo poeta es siempre seria, en el sentido en que el humor siempre está sometido a la eficacia en la transmisión de contenidos serios. Por otro lado, el uso de bromas y de recursos humorísticos por Platón nunca es inocente, nunca es gratuita y nunca atañe simplemente a los personajes del drama literario[4].

Para ilustrar todo lo dicho hasta el momento, nos sirve una simple broma, apenas un chascarrillo contenido en el diálogo *Laques*[5], donde encontramos uno de los pasajes más divertidos de la temprana obra de Platón. El chascarrillo referido por el general Laques se enmarca dentro de la discusión en torno a la educación de los jóvenes, la enseñanza de la virtud y, finalmente, la naturaleza de la virtud de la valentía [ἀνδρεία]. La broma de Laques a costa de Estesíleo adquiere un significado fundamental en el desarrollo del diálogo.

2. Las armas de Estesíleo

Es bien sabido que en la época de redacción del *Laques*, muy probablemente en su época *socrática*, Platón está interesado en la búsqueda de la definición de las virtudes éticas, en la medida en que la definición muestra la esencia de las mismas. Su interés por la naturaleza de la educación es, por otro lado, una constante a lo largo de toda su obra. Ambas cuestiones están muy presentes en este breve diálogo, si bien como simples aproximaciones que posteriormente tendrán un desarrollo mucho mayor en obras ulteriores[6]. Como la mayoría de los diálogos de la época, el *Laques* tiene un final aporético, pero sólo en la medida en que no llega a esclarecer completamente en qué consiste la valentía, pues como veremos, otras muchas cuestiones quedan meridianamente establecidas en las breves páginas del diálogo. El contexto en el que aparece el chascarrillo de Laques sobre Estesíleo es el siguiente: Lisímaco y Melesias, dos nobles ciudadanos atenienses preocupados por la educación de sus hijos, piden a los afamados generales Nicias y Laques[7] que les acompañen a ver una muestra de la habilidad en el manejo de armas [ὁπλομαχία], ofrecida por un tal Estesíleo, con el fin de que puedan aconsejarles respecto a la educación de sus hijos adolescentes. En el gimnasio donde transcurre la prueba los cuatro se reúnen con Sócrates, quien también es invitado a participar en el diálogo. La primera cuestión que se plantea gira en torno a la utilidad del entrenamiento en la ὁπλομαχία. En su intervención (181e-182d), Nicias defiende razonadamente la utilidad de dicho entrenamiento. Según el general, hay numerosas razones para considerar útiles los ejercicios de armas de Estesíleo: en primer lugar, porque acudiendo al gimnasio y evitar así los sitios de diversión que suelen frecuentar, los jóvenes fortalecerán sus cuerpos; también porque el entrenamiento con instrumentos de la guerra, como la equitación, son adecuados para el hombre libre, pues adiestran para el certamen y la competición; además, el entrenamiento es útil para la batalla misma, bien para atacar persiguiendo, bien para defenderse en retirada, en el caso de que se rompa la formación; en cuarto lugar, porque tales ejercicios encenderán el deseo de los jóvenes para el aprendizaje del combate en formación y el estudio del arte de la guerra; también porque hará a cualquier hombre mucho más confiado y valeroso, superándose a sí mismo; y finalmente, porque le dará al joven una figura más arrogante en las ocasiones en que el hombre debe presentarse en esa actitud para hacerse temible a los enemigos. Una vez expuestas sus razones, Nicias le cede la palabra a su compañero, el general Laques. En una réplica cargada de ácida ironía (182d y ss.), Laques duda de la utilidad de tales ejercicios; en primer lugar, porque si la ὁπλομαχία fuera una verdadera ciencia, no habría pasado desapercibida a los lacedemonios, que pasan su vida estudiando y practicando los conocimientos que puedan resultarles útiles en vista a la superioridad en la guerra; y en segundo lugar, porque ninguno de los hombres que se dedican a la ὁπλομαχία han aprendido en la guerra, muy al contrario de lo que ocurre con el resto de las ciencias. Como eficaz complemento a favor de su postura, el general relata a sus compañeros de diálogo una divertida situación vivida por él mismo con el tal Estesíleo algún tiempo atrás, y que tiene por escenario la guerra del Peloponeso. El relato de Laques dice así:

> Al abordar su navío, en el que iba como hoplita de proa, a una nave de carga, lo vi que combatía con una pica armada de guadaña, arma tan sobresaliente como sobresaliente era él entre los demás. El resto de las hazañas del individuo no vale la pena mencionarlas; sólo me referiré a cómo acabó el inventor de la guadaña adosada al asta de la lanza. Mientras luchaba, ésta se trabó de algún modo en las drizas de la nave y quedó enganchada. Estesíleo daba tirones queriendo soltarla, pero no podía. Y la nave pasaba a todo lo largo de la otra. Mientras tanto, él corría por la cubierta agarrado a su lanza. Al alejarse la nave, como le arrastraba cogido a su lanza, dejó que se deslizara el mango por su mano, hasta empuñar el cuento de la misma. Ya había burlas y befas en la nave de carga ante su situación, pero cuando, al dispararle alguno una piedra desde el puente del navío, soltó la lanza, entonces ya ni siquiera los tripulantes de nuestra trirreme fueron capaces de contener la risa, viendo la famosa lanza-guadaña bambolearse colgada del otro barco. No sé si esto valdrá para algo,

como Nicias dice, pero lo que yo he presenciado son esas cosas (183d-184a. Las traducciones citadas de este diálogo son de C. García Gual).

Tras la intervención de Laques, la cuestión de la utilidad de la ὁπλομαχία será abandonada y el diálogo, ya dirigido hasta el final por Sócrates, se centrará en la idea de que la educación concierne al alma y en la búsqueda de la esencia de la virtud de la valentía.

3. Significado del relato de Laques

Laques cuenta lo que ha presenciado, y lo que ha presenciado no hace sino reforzar las reticencias que con respecto a los citados ejercicios ya tenía de antemano. ¿Qué papel juega en el diálogo platónico el divertido chascarrillo del general? En primer lugar, Platón dirige una contundente y eficaz crítica a una actividad que sin duda debió ser habitual en la época en que se sitúa el suceso, en plena guerra del Peloponeso, y que con toda seguridad tenía la pretensión de formar ciudadanos útiles para la ciudad. Platón sitúa conscientemente la escena en un contexto bélico, por lo que ello tiene de transcendental para la supervivencia de la ciudad. El tema es recurrente en Platón; así, uno de los pasajes claves del *Ion* (cf. *Ion* 540d y ss) gira en torno al tema de la τέχνη de los στρατηγοί [generales] como conocimiento real opuesto a la mera apariencia de poetas y rapsodas, cuyo tratamiento poético de la guerra no va acompañado de un conocimiento de la misma, sino de una mera apariencia de saber. Como en el *Ion*, frente a la mera apariencia de conocimiento de Estesíleo Platón opone el conocimiento real de los generales. Y como en el *Ion*, el recurso utilizado por Platón para desprestigiar al adversario consiste en negarle a Estesíleo la condición de τεχνίτης. Por otro lado, las críticas de Laques a Estesíleo no sólo nos recuerdan las críticas dirigidas por Sócrates al proceder del rapsoda Ion (cf. *Ion* 541b y ss), sino también las dirigidas contra el sofista Hipias (cf. *Hipias Mayor* 283c y ss), de tal modo que la actividad de Estesíleo queda integrada en la misma categoría epistémica que la rapsodia y la retórica sofística, con todo lo que ello supone de descrédito. En este sentido, cabe señalar que incluso la intervención del general Nicias concede al entrenamiento de Estesíleo un valor muy menor, más vinculado al juego y a la apariencia que a un saber real, lo que queda bien expresado mediante las referencias al certamen, la competición, el cuidado del cuerpo, la arrogancia en la figura, la actitud y, también, mediante la puntualización del general de que aquella actividad resulta útil únicamente cuando se rompe la formación, importante detalle que Nicias señala en dos ocasiones durante su breve intervención. Que Nicias, un general carismático poseedor de la τέχνη de la guerra, considere positivo el entrenamiento de Estesílao no significa que lo tome realmente en serio.

En segundo lugar, con la intervención de Nicias y Laques observamos también que de un modo eficaz quedan zanjadas en el diálogo ciertas cuestiones previas antes incluso de que Sócrates tome la palabra. La estrategia de Platón queda expresada en la invitación del propio Sócrates a que cualquiera de los dos generales tome la palabra por delante de él; en efecto, ante la invitación de Lisímaco para que Sócrates tome la palabra, éste cede su turno a los generales en los siguientes términos:

> Bueno, sobre eso, Lisímaco, también yo intentaré aconsejar lo que pueda, y luego trataré de hacer todo lo que me pidas. Sin embargo, me parece más justo, al ser yo más joven y más inexperto que éstos, escucharles antes qué dicen y aprender de ellos. Y si sé alguna otra cosa al margen de lo que ellos digan, entonces será el momento de explicároslo e intentar convenceros, e ellos y a ti (181c-d).

Las razones de Nicias y la corrosiva descripción de Laques sirven de entrada a la intervención de Sócrates, quien, a partir de ese momento, es quien asume el protagonismo del diálogo[8]. Platón muestra hábilmente a su lector el modo correcto en que debe ser conducida la investigación, con un protagonista, Sócrates, que personifica el modelo ideal del proceder educativo: la convicción de que la educación no consiste en el puro adoctrinamiento, sino en un proceso que implica una búsqueda activa y responsable por todas las partes, así como el reconocimiento de la propia ignorancia. En este sentido, tal como afirma correctamente Salcedo Ortiz (214: 227), «es válido afirmar que en la discusión central del *Laques* se presentan los diferentes aspectos involucrados en una práctica educativa: las preguntas, la participación de los interlocutores, las diferencias de opiniones, el querer alcanzar el objetivo propuesto y, por supuesto, la perseverancia para poder lograrlo». La educación de los jóvenes, algo que concierne a la adquisición de la virtud por parte del alma, no cabe entenderla, por consiguiente, al modo de Ion, Hipias o Estesíleo, sino al modo socrático, que supone las preguntas, la participación, la perseverancia y la humildad intelectual; un modelo, por cierto, alejado del tono sarcástico empleado por Laques, en el que Sócrates y Nicias ven un ejemplo negativo de la técnica dialéctica.

Una vez que tome la dirección del diálogo, Sócrates tratará junto a padres y generales de aclarar ya no la utilidad de una actividad como la ὁπλομαχία, ya desacreditada a ojos de los participantes en el diálogo, sino aquello en lo que consiste la educación y, como parte de esta investigación, en qué consiste la virtud de la valentía. Durante esta segunda parte, el diálogo gira en torno a si la valentía debe ser considerada una cierta virtud del temperamento que en cierto modo funciona al margen de lo racional —opinión defendida por Laques— o se trata más bien de un conocimiento puramente epistémico —opinión defendida por Nicias—. El objetivo de los diálogos de Sócrates con Laques (189d-194b) y Nicias (194c-201c) es precisamente mostrar la deficiente comprensión que ambos poseen del objeto de debate, pues mientras Laques ofrece una versión reduccionista que identifica la valentía con una práctica ciega que evita todo refinamiento teórico, Nicias no logra sino exponer una versión disminuida del intelectualismo socrático. Sócrates, que argumenta en contra de ambas posturas se despide hasta una nueva ocasión antes de que haya podido dar cuenta satisfactoriamente de aquello en lo que consiste la valentía, a pesar de lo cual habrá quedado claro que la virtud de la valentía es inseparable de la sabiduría. En este sentido, que el final del diálogo sea aporético solo significa que no se ha llegado hasta el final mismo de la investigación, a pesar de lo cual el camino avanzado ha sido muy notable. Buena parte de ese camino ha sido recorrido mediante el recurso al humor.

Notas

1 Así, en el capítulo III, 5 de su *Vidas y opiniones*, Diógenes Laercio afirma lo siguiente: «estando [scil. Platón] a punto de presentarse a un certamen con una tragedia suya, ante el teatro de Dionisio, tras haber escuchado a Sócrates, quemó sus poemas diciendo: *Acude, oh Hefesto, aquí, que Platón necesita tu auxilio*» (edición y traducción de Bredlow, 2010).

2 La necesidad de una poesía no sólo agradable sino también provechosa es explícitamente manifestada por Platón en *República* III, 398a-b y en X, 607a. Hemos tratado esta cuestión en Aguirre (2013a y 2013b).

3 Cf. *Banquete* 212e y ss., *Crátilo* 392a y ss., *Ion* passim. Un magnífico trabajo sobre el uso del humor en Sócrates ha sido publicado recientemente por Tanner (2017).

4 Precisamente a propósito de las extravagantes etimologías recogidas en el *Crátilo* por Sócrates y Hermógenes, J. L. Calvo afirma lo siguiente: «Debido al clima de ironía que envuelve toda esta sección, es probable que Sócrates esté ridiculizando los procedimientos etimológicos de los sofistas en general, aunque él aluda más concretamente a Pródico y Protágoras. Sin embargo, esta ironía no se agota en sí misma ni la finalidad del *Crátilo* es divertirnos: el método etimológico, llevado a sus últimas consecuencias lógicas, desemboca, en definitiva, en una teoría mimética del lenguaje y ésta, aunque al final se revele insuficiente, es una original aportación socrático-platónica a la teoría lingüística». Calvo (1983: 357).

5 Breves y certeras aproximaciones generales al diálogo se encuentran en De Laguna (1934), Kohák (1960), Hoerber (1968), Umphrey (1978), Dobbs (1987), Michelini (2000), Hobbs (2000: 76-112) y Benítez (2012).

6 La virtud de la *valentía* es fundamental en el contexto de la vida de la *polis*. Platón trata la ἀνδρεία por primera vez en el *Laques*, pero no es la única vez que aborda la cuestión: vuelve a hacerlo en *Protágoras* 350b, donde opone la valentía consciente y experta a la audacia irracional, y en *República* 430b y *Leyes* 963c-e, donde identifica la valentía como virtud. Que la cuestión de la ἀνδρεία sea planteada por el filósofo en uno de sus primeros escritos y también en el último da la medida de la enorme importancia concedida por Platón a dicha cuestión. Por otro lado, a lo largo de toda su obra Platón aborda frecuentemente el tema de la educación, hasta el punto de constituir uno de sus temas fundamentales. El interés platónico por la misma lo vemos ya en sus primeros diálogos, como el *Cármides*, *Lisis* o el propio *Laques*. También en aquellos que tienen como interlocutores a importantes sofistas, como el *Protágoras*, *Gorgias*, *Hipias Menor* o la *República*. El tratamiento de la cuestión en el *Laques* muestra la preocupación de los padres por la educación de los hijos, cuestión también tratada en *Cármides* 158a-171d, *Lisis* 207d y ss. y en *Protágoras* 310c; por otro lado, el interés por los asuntos públicos, el descuido de la educación de los hijos y la dificultad de transmitir la virtud [ἀρετή] a los hijos, cuestiones aludidas en el *Laques*, también las encontramos en *Protágoras* 319d y ss., *Menón* 93a y ss. y en las *Leyes* III 694c y ss.

7 En el diálogo, Platón no escoge a los *strategoi* Nicias y a Laques gratuitamente, sino en tanto que *technítai* o personas que se encuentran en posesión de una *téchne* o conocimiento sistemático sobre la actividad de la guerra. Sobre estos dos generales, cf. Nails (2002: 181, 214).

8 Hoerber (1968) ha señalado la importancia de las claves dramáticas en la elaboración del diálogo, entre las que destaca la presentación de los personajes por parejas —a excepción de Sócrates—, el contraste entre los miembros de cada pareja, y la composición dual del diálogo, dividido en dos temas —el problema de la educación y la necesidad de la definición— y dos subtemas —el valor de la ὁπλομαχία, la educación como algo concerniente al alma, el examen de la postura de Laques y el examen de la postura de Nicias—. Kohák (1960: 125-128) y el propio Hoerber (1968: 103) han vinculado las claves dramáticas y la estructura del diálogo con la descripción de la línea divina en *República* VI, cuyo nivel superior en el *Laques* vendría representada por la postura de Sócrates.

Referencias bibliográficas

AGUIRRE, J., *Platón y la poesía. Ion*, Plaza y Valdés, Madrid 2013a.

AGUIRRE, J., «Platón y el conflicto entre la vieja y la nueva poesía», *Convivium*, 26, 2013b, pp. 5-28.

BENÍTEZ, E., «Laches», en Press, G. A. (Ed.), *The Continuum Companion to Plato*, Continuum, London 2012, pp. 63-65.

BREDLOW, L.-A. (ed.), Diógenes Laercio. *Vidas y opiniones de los filósofos ilustres*, Lucina, Zamora 2010.

CALVO, J. L., «Introducción al *Crátilo*», en Platón, *Diálogos II*, Gredos, Madrid 1983.

DE LAGUNA, «The problem of the *Laches*», *Mind*, 43(170), 1934, pp., 170-180.

DOBBS, D., «For Lack of Wisdom: Courage and Inquiry in Plato's *Laches*», *The Journal of Politics*, 48(4), 1986, pp. 825-849.

GARCÍA GUAL, C. (trad.), «*Laques*», en Platón, *Diálogos* I, Gredos, Madrid 1983.

HOBBS, A., *Plato and the hero. Courage, Manliness and the Impersonal Good*, Cambridge University Press, Cambridge 2000.

HOERBER, R.G.,«Plato's *Laches*». *Classical Philology*, LXIII(2), 1968, pp. 95-105.

KOHÁK, E.V., «The Road to Wisdom: Lessons on Education from Plato's *Laches*», *The Classical Journal*, 56(3), 1960, pp. 123-132.

MICHELINI, A. N., «Plato's *Laches*. An introduction to Socrates», *Rheinisches Museum für Philologie*, Neue Folge, 143(1), 2000, pp. 60-75.

NAILS, D., *The people of Plato. A prosopography of Plato and other socratics*, Hackett Publishing Company, Indianapolis/Cambridge 2002.

NIETZSCHE, F., *El nacimiento de la tragedia*, traducción de A. Sánchez Pascual, Alianza, Madrid 1973.

SALCEDO ORTIZ, E., «La educación de la valentía: El *Laques* de Platón como modelo de práctica educativa», *Ixtli. Revista Latinoamericana de Filosofía de la Educación*, 3(6), 2016, pp. 217-236.

TANNER, S.M., *Plato's Laughter: Socrates as Satyr and Comical Hero*, State University of New York Press, New York 2017.

UMPHREY, S., «On the theme of Plato's *Laches*», *Interpretation*, 6, 1978, pp. 1-10.

VI. «Eutidemo», teatro del absurdo[*]
Beatriz Bossi

I

El humor en Platón es un recurso particularmente serio. Como una señal en el camino, marca un alto en el recorrido del discurso en el que hay que detenerse porque suele encubrir el significado contrario del explícitamente expuesto. Su comicidad es casi siempre sutil, irónica, escrita como al pasar, tangencialmente, pero constituye un guiño significativo para el lector atento. De modo que el humor en Platón no es, en términos generales, un asunto trivial, un adorno para aligerar, un recurso decorativo aleatorio, sino que es un arma poderosa que está íntimamente relacionada con la trama, los argumentos y el objetivo del discurso.

Para que lo cómico funcione debe socavar seriamente el arquetipo endiosado. Un ejemplo paradigmático del talento de Platón para la comedia y la sátira, donde esta función del humor se pone de manifiesto, es el *Eutidemo*, un diálogo mordaz y vehemente, escrito, probablemente, en algún momento cercano al de la fundación de la Academia[1]. A pesar de los muchos elementos que en el diálogo

---
[*] Este trabajo forma parte del Proyecto de Investigación MINECO (Ref.: FFI2016-76547-P) y del Grupo UCM GINEDIS (970798).

anticipan los temas que le preocuparán al Platón de los diálogos de madurez, esta obra ha pasado bastante desapercibida para los estudiosos. El mensaje humorístico es muy explícito y sirve directamente al objetivo del diálogo, que consiste en prevenir a los jóvenes contra la sofística, como pretensión de sabiduría acabada y completa, para distinguirla de la filosofía como búsqueda de la verdad.

Sócrates parece desarrollar aquí una actitud ambigua, ya que, por una parte, se burla sistemáticamente de los sofistas extranjeros, Eutidemo y su hermano Dionisodoro, en un juego aparentemente inexplicable de halagos y lisonjas irónicas que se contrapesa, por la otra, con objeciones incisivas y certeras que destruyen de un golpe sus argucias, en defensa de la filosofía auténtica. En este trabajo me propongo explorar las razones por las cuales Sócrates practica este recurso «oscilante» que por momentos simpatiza con los sofistas y se humilla ante ellos con tal de ser aceptado como alumno suyo, y por momentos los ataca con guante blanco, pero con certera precisión[2]. Podríamos preguntarnos por qué Platón decide correr el riesgo de confundir o marear al lector desprevenido con un diálogo en extremo complejo en el que se combina la trivial y espontánea actitud de los despreocupados sofistas, con la observación sutil y aguda por parte de un Sócrates extraño, que es capaz de refutar sus artificiosos argumentos contradictorios, con algunas observaciones certeras, y sin embargo, al mismo tiempo, presenta una actitud servil ante ellos.

La hipótesis que intentaré defender consiste en sostener que esta doble estrategia permite a Platón, por medio de la figura de Sócrates, generar en los jóvenes presentes, dos tipos de respuesta: una intelectual y otra emocional. Por una parte, una cierta destreza para detectar las contradicciones y las falacias del discurso sofístico se va generando en ellos gradualmente. Por la otra, Platón hace que los jóvenes del círculo socrático sufran un proceso emocional progresivo que parte de la indignación y acaba en la burla. Aunque la actitud vanidosa y despectiva de los sofistas despierta, al principio, admiración y divertida complicidad en algunos jóvenes que estallan en carcajadas, en otros, a los que Sócrates se refiere como «nosotros» los deja callados, estupefactos (275c-d) o directamente indignados. Estos son los que experimentan un fuerte rechazo ante el trato injusto y burlón de sus intereses y sentimientos. Pero a medida que avanza la trama, los jóvenes aprenden el juego. Así, sostengo, el recurso humorístico se vuelve doblemente eficaz: por una parte, la ironía filosa y aguda de Sócrates contribuye a desarticular, implícitamente, las argucias de la sofística, en tanto que el humor mordaz, como arma arrojadiza que regresa para atacar a los atacantes, es la respuesta emocional con la que los jóvenes pueden desmitificar la poderosa atracción que ejerce la sofística. De este modo, Sócrates se ahorra el esfuerzo de despreciarlos o de criticarlos. Las lisonjas y halagos socráticos revelan el enorme contraste entre las pretensiones rimbombantes de los hermanos sofistas y su talla intelectual y moral. Naturalmente, el servilismo socrático de quien simula desear aprender con los sofistas no es más que la máscara que se coloca el filósofo, en ejercicio pleno de su ironía, para provocar en su círculo la reacción contraria, i.e. descartar a los sofistas como maestros. De modo que la burla es el recurso principal del que Platón se vale en este diálogo para desacreditar a sus competidores, presumiblemente con el fin de contrastar su quehacer con la actividad filosófica seria que se ofrece en su Academia. Porque Platón no sólo pone de manifiesto las argucias de los sofistas Eutidemo y Dionisodoro, sino también la mutua complacencia que encuentran en refutar a toda costa a sus interlocutores, independientemente de cuál sea la respuesta que ofrezcan.

II

Vayamos a la estructura del diálogo. Sócrates le cuenta a su amigo Critón la conversación que ha tenido lugar el día anterior en el vestuario del Liceo (el mismo escenario que el del *Lysis*) con Eutidemo y Dionisodoro, personajes históricos, cuando decidió no marcharse, obedeciendo a la señal demótica. Sócrates se manifiesta preocupado por la educación del bello joven Clinias, e indirectamente también de los demás jóvenes que lo acompañan (entre cuyos enamorados destaca Ctesipo). La estructura del diálogo refleja la que corresponde a una tragicomedia clásica (Chance, 1992: 13), ya que la obra está organizada en secuencias alternas rigurosamente balanceadas. Critón y Sócrates, a modo de parábasis de una comedia de Aristófanes, mantienen tres diálogos, en los que se intercalan otros tres diálogos con los sofistas (de respuestas por sí o por no, donde deliberadamente no existe término medio posible) y a su vez, estos se alternan con dos exhortaciones serias por parte de Sócrates. La primera, a favor de la tesis de que sólo hay un bien necesario y suficiente para lograr ser felices, que consiste en alcanzar la sabiduría, puesto que sólo ella prescribe el mejor uso de todos los demás bienes (277d-282e). La segunda exhortación se centra en la dificultad para precisar la naturaleza de tal conocimiento (288d-293a). Aunque pudiera parecer que los tres diálogos con los sofistas son solamente divertimentos, un análisis más profundo revela que contienen un mensaje serio indirecto, que refuerza, por el absurdo, la idea central de que el único fin necesario es el conocimiento y de que ellos no lo poseen. Sócrates y Critón abren, mediatizan y cierran el diálogo[3] en clave confidencial, lo cual ayuda al lector a distinguir los papeles opuestos que Sócrates desempeña durante la acción dramática del diálogo: sea el de adulador de los sofistas, sea el de consejero de los jóvenes. El centro, «como si estuviese cuidadosamente depositado dentro de una cápsula para contener su estallido» (Olivieri, 1983: 193-194), guarda, intercaladas, las discusiones. La puesta en escena incluye personajes vívidos y perfiles psicológicos bien delineados donde personajes antagónicos encarnan métodos y objetivos contrarios: se enfrentan, acompañados de sus seguidores, y sin embargo, no dejan de mimetizarse constantemente[4]. Así se presentan entrelazadas la refutación sofística, que destruye al adversario al tiempo que se destruye a sí misma, y la dialéctica socrática[5].

III

Sócrates comienza por describir a los hermanos como literalmente *omniscientes* y como expertos que poseen el arte del pancracio (272a) también llamada «erística» (272b). Estos pancraciastas, luchadores con palabras y sin reglas, son capaces de refutar cualquier cosa que se diga, *sea falsa o verdadera*, y adiestrar bien *a cualquiera que les pague* para afrontar disputas jurídicas en los tribunales, al punto que el propio Sócrates tiene toda la intención de encomendarse a estos dos hombres, ya que ellos prometen hacer diestro a cualquiera en semejantes lides *en poco tiempo* (271c-272b; 301b). La descripción de los hermanos como «omniscientes» por parte de Sócrates; la comparación del arte sofístico con el pancracio (brutal combate en el que *todo tipo de golpe* estaba permitido con la sola excepción de hundir los dedos en la nariz o los ojos del adversario) que condena inexorablemente al adversario a ser vencido *independientemente de su cuál sea su respuesta*; el interés de estos «maestros» por el dinero, unido a la intención socrática de ser enseñado por ellos en poco tiempo (absurda pretensión de un Sócrates que no podría pagarles, salvo por medio de la ayuda de su amigo Critón) y el pretendido interés de Sócrates en aprender a defenderse en los tribunales (imposible propósito a la luz de la *Apología*, el *Critón*, el *Gorgias* o el *Teeteto*[6]) son suficientes ejemplos para alertar al lector de que esta obra está escrita en clave de sátira.

Sin embargo, estas extravagantes afirmaciones socráticas no deben desorientarnos. Porque aunque Sócrates, como si fuera un nuevo Jano, por una parte, se muestra adulador y servil, por la otra, de pronto agudo y seguro de sí, recupera súbitamente el juicio crítico y ataca los puntos débiles de los argumentos de los hermanos con eficacia. Este dinamismo revela una actitud en nada sobreprotectora o condescendiente respecto de, al menos, algunos de los jóvenes presentes, como si los retara a pillar al vuelo sus propios «juegos de roles» y a pensar por sí mismos lo que está ocurriendo. No obstante, cuando ellos no consiguen asimilar las actitudes de los viejos sofistas, Sócrates los tranquiliza diciendo que las conversaciones con estos dos hermanos no son más que un «juego», porque aunque uno aprendiese todas esas sutilezas, no por ello sabría más acerca «de lo que son las cosas realmente», sino que sólo sería capaz de divertirse a propósito de los significados de las palabras, haciendo zancadillas y obligando al interlocutor a caer al suelo, de la misma manera que se burlan y ríen los que quitan el asiento a los que están a punto de sentarse, cuando los ven caídos boca arriba (278b). Platón presenta a Sócrates como «el falso admirador» y «el auténtico inquisidor», con el doble objetivo de, por una parte, exponer a los jóvenes al juego «gracioso» de los sofistas para que sientan el aguijón de sus humillaciones y reaccionen aprendiendo a devolver el golpe con las mismas armas, y por la otra, a fin de mantenerlos en guardia contra la identificación de la competición erística y la auténtica búsqueda filosófica. Un ejemplo de esta ambivalencia socrática se pone de manifiesto cuando Ctesipo, tras haber logrado burlarse de los dos viejos sofistas, ríe a carcajadas contagiando a Clinias, y entonces Sócrates le pregunta en confianza: «¿Por qué te ríes, Clinias, de cuestiones tan serias y nobles?» (300e).

Eutidemo informa a Sócrates que ya no se dedican al arte de la guerra ni a la defensa jurídica más que como «pasatiempos», puesto que ahora se consideran capaces de enseñar «la virtud mejor y más rápidamente que nadie» (273 c-d). Ante esta revelación, Sócrates continúa con la comedia: les pide disculpas por su error y se humilla al punto de decir:

> Pero si en realidad poseéis ahora este conocimiento, *sedme entonces propicios* —y advertid que me dirijo a vosotros exactamente como si fueseis dioses, implorando perdón por mis expresiones anteriores—. Por cierto, Eutidemo y Dionisodoro, aseguraos bien de que decís

verdad. Es tal la magnitud de vuestra empresa que en nada puede asombrar el hecho de que uno desconfíe (273e-274a).

El contraste entre la adulación y la alerta racional indica al lector que el primer comentario es claramente irónico. Uno de los argumentos más famosos del diálogo (y más irritantes para Ctesipo) es el que utiliza Dionisodoro para «demostrar» que si los amigos y enamorados de Clinias desean que se convierta en sabio, implícitamente quieren que «no sea más lo que es ahora», y si no quieren que sea más (a secas, dejando ya de lado la cualificación), entonces le desean su muerte. Inmediatamente Ctesipo se indigna y acusa a Dionisodoro de mentir y de impiedad. La situación empeora cuando Eutidemo sale en defensa de su hermano afirmando que es imposible mentir porque no se puede decir lo que no es. Cuando Ctesipo protesta intentando clarificar que Dionisodoro dice las cosas que son (i.e. Clinias es) pero no las dice tal como efectivamente son, el propio Dionisodoro contraataca, y afirma que Ctesipo lo ha ofendido. Contra toda lógica, bajo la máscara de la derrota, Sócrates interviene para pedir a Ctesipo que acepte lo que dicen los extranjeros, con tal de que hagan sabio a Clinias, y les concede graciosamente que, si para ello tienen que destruirlo, lo hagan. En la misma tónica, al punto añade que, si tienen miedo, procedan con él mismo, «a matarlo y a cocerlo», con tal de que lo hagan bueno (283d-285d).

Cuando Ctesipo explica que no ha ofendido a Dionisodoro sino que lo ha contradicho, éste le contesta que eso es imposible, porque para que haya contradicción hay que decir cosas contrarias, una de las cuales es y la otra, supuestamente, no es, pero como ya quedó claro que no es posible decir lo que no es, porque sería no decir nada, no es posible que exista contradicción alguna. Cuando Csetipo enmudece ante esta respuesta, Sócrates sale en su defensa y en clave crítica declara que, habiendo oído muchas veces este sorprendente argumento usado por los seguidores de Protágoras, considera que no sólo refuta a todos los demás sino que se refuta a sí mismo (naturalmente, si todo juicio es verdadero también lo será el juicio que diga que tal juicio es falso). Al punto, sin embargo, Sócrates, como un nuevo Jano que vuelve la cabeza para mostrar su rostro complaciente, agrega, congraciándose con el sofista: «Pienso que de ti, mejor que de nadie, podré saber la verdad» (286c). Regresa el Sócrates inquisitivo cuando inmediatamente pregunta a Dionisodoro si habla por hablar, por el placer de una paradoja, o en verdad cree que, siendo todo juicio verdadero, no hay ningún hombre ignorante (286d). Pero al instante les pide perdón por hacerles una pregunta tan vulgar. Y al punto se recupera para atacarlos con un argumento *ad hominem*: si nadie puede engañarse ni pensar lo falso ni ser ignorante ni equivocarse al obrar ¿qué necesidad habría de enseñar la virtud?

Como Sócrates utiliza contra Dionisodoro lo que ellos dijeron al principio, su interlocutor, indignado, acusa a Sócrates de anticuado (literalmente: «eres un Cronos») y le recrimina que no sepa qué hacer respecto de los argumentos de ahora (287a-b). Al punto, Sócrates replica que no sabe porque vienen de hombres «muy doctos», pero inmediatamente reflexiona y le pregunta qué quiere decir con aquello de «no sabes qué hacer con ellos» como si Dionisodoro estuviera sugiriendo que no sabe «refutarlos», cosa imposible desde el punto de vista de los sofistas, quienes asumen que todo juicio es verdadero y todo hombre es sabio. Entonces Dionisodoro rehúsa contestar y acusa a Sócrates de charlatán. Como primera reacción, Sócrates se manifiesta dispuesto a obedecer a Dionisodoro (287d) y se acusa de su imbecilidad (287e) al dar por supuesto que las expresiones tienen significado. Pero inmediatamente le pone una alternativa forzosa que muestra que en cualquiera de los dos casos Dionisodoro está en el error: si Sócrates no se ha equivocado, Dionisodoro no podrá refutarlo (y no hace falta enseñar a nadie la virtud como ellos pretenden) y si se ha equivocado, no es el caso que sea imposible equivocarse, como afirma Dionisodoro. Ctesipo capta el golpe y acaba por imitar la estrategia socrática de doble filo: proclama que son «asombrosas» las cosas que dicen estos hermanos, a los que no les «preocupa para nada el divagar como tontos». Para evitar una nueva ronda de ofensas, Sócrates confirma que en verdad son asombrosos y que no han querido darles una demostración en serio sino seducirlos con encantamientos (288a-b).

A continuación, Eutidemo interroga a Sócrates sobre la cuestión del conocimiento que hace felices a los hombres: si él es un conocedor, debe conocerlo todo, porque de lo contrario, si ignorase algo, no podría ser un conocedor, pero no es posible ser y no ser un conocedor (293c-d). Sócrates se resiste a la dialéctica absolutista, pero ellos, qué duda cabe, están seguros de que lo saben todo. Para probar hasta dónde llega su osadía, Sócrates les pregunta si conocen, por ejemplo, el número de estrellas o de granos de arena que existen, a lo que ellos responden: «Por supuesto. ¿O crees que no habríamos contestado que sí?» (294b). Ctesipo pierde la paciencia e interviene exigiendo lo que podríamos denominar una «prueba experimental» de su omnisciencia: les pide que cada uno de ellos diga cuántos dientes tiene el otro, con el objetivo de contarlos y comprobar de este modo que dicen la verdad. Si así fuera, promete, les creerá que son sabios con relación a todo lo demás. La «prueba» no iba a llevarle a Ctesipo todo el día porque los pocos dientes de dos viejos son fáciles de contabilizar. Ellos intentan escabullirse pero Ctesipo es implacable, e insiste en que le den el número exacto. Naturalmente los astutos hermanos no están dispuestos a rebajarse sometiéndose a la prueba, sino que se limitan a repetir que ellos tienen todo el conocimiento y asunto concluido. Cuenta Sócrates que Ctesipo terminó haciéndoles las preguntas más indecorosas y que ellos, «impertérritos, las recibían, convencidos de su saber, como jabalíes que se lanzan a recibir el golpe» (294d). La comicidad se extiende al propio Sócrates quien les pregunta si también lo sabían todo apenas nacieron, a lo que ambos responden que sí al mismo tiempo (294e) y aplicando a Sócrates el mismo argumento concluyen que también él conocía todo al nacer e inclusive, antes de ser engendrado, y antes de que el cielo y la tierra fuesen engendrados... (296c-d).

Eutidemo no tiene reparos para dejar claramente establecido que él no desea aclarar el significado de las preguntas y que le da lo mismo si lo que Sócrates contesta no tiene nada que ver con aquello acerca de lo cual se le interroga... Esta aclaración abre el diálogo al enfrentamiento y al delirio: Eutidemo acusa a Sócrates de ser un charlatán más viejo de lo debido (295c). Sócrates se humilla nuevamente y dice comprender que Eutidemo esté disgustado con él porque no se dejaba atrapar fácilmente, por lo que le pareció mejor «ceder» no fuera que lo considerase tan torpe que no pudiera aceptarlo como discípulo suyo (295d). La ironía no halla descanso en este diálogo. Pero una vez que queda «demostrado» que Sócrates lo sabe todo, regresa el Sócrates inquisitivo y le pregunta a su interlocutor dónde ha aprendido que «los buenos son injustos». Eutidemo se ha percatado de la trampa, pero Dionisodoro se apresura a responder «en ningún lado», con lo que Sócrates gana la partida: Sócrates no puede saberlo todo porque hay algo que no ha aprendido (a saber, que los buenos son injustos). Cuando Eutidemo le reprocha a su hermano que le ha arruinado el argumento, Sócrates riza el rizo y le pregunta cómo podría Dionisodoro haberse equivocado en su respuesta, si lo sabe todo (297a-b). Al final de este episodio, Sócrates compara a Eutidemo con la hidra que hace brotar nuevos argumentos cuando se le corta uno y a Dionisodoro con un cangrejo que lo atormenta con sus mordeduras (297c).

El siguiente golpe de humor nace de una falacia de composición. Dionisodoro le pregunta a Ctesipo si tiene perro y si este tiene cachorros, a lo que este responde afirmativamente. Dionisodoro concluye entonces que el perro, siendo suyo y siendo padre, es su padre. Cuando le pregunta si golpea a su perro, Ctesipo le contesta que lo hace porque no puede golpear a Dionisodoro. Este le pregunta entonces si golpea a su padre y Ctesipo, que no se queda atrás, le responde que más justo sería que golpeara al padre de ellos por haber engendrado hijos tan sabios (298d-299a). Eutidemo prosigue con el interrogatorio. De tener un bien, ¿no sería el hombre más feliz de todos el que tuviera oro siempre consigo mismo? Y para que así fuera, ¿no habría de tenerlo en el estómago, en el cráneo y en cada ojo? Ctesipo le devuelve el golpe anterior, diciéndole que entre los escitas los más felices y mejores son aquellos que tienen mucho oro en *sus* propios cráneos, «para hablar —dice— como lo hacías tú antes cuando decías que *mi* perro era *mi* padre» y beben en ellos y contemplan su cavidad interior mientras sostienen *la propia* cabeza en sus manos (299d-e)[7]. Ctesipo aprende rápidamente a jugar el juego del absurdo y se ríe a carcajadas de ellos, y como Clinias su amado se divierte también, Ctesipo, refiere Sócrates, «se sintió como si hubiera crecido diez veces en tamaño» (300d).

A medida que el diálogo avanza, los sofistas se reponen y vuelven a las andadas. Utilizando anfibologías y juegos de palabras, obligan a Sócrates a admitir atroces declaraciones de impiedad como que los dioses, siendo «vivientes», son «animales» de los que puede disponerse a voluntad (303a). Sócrates primero se indigna y luego se queda mudo. Ctesipo viene en su ayuda pero al cabo de un rato se retira, declarando que «estos hombres son imbatibles». Entonces, refiere Sócrates, todos se pusieron a aplaudirlos, riendo, y a alabar ese modo de argumentar, al punto que él mismo se sintió dispuesto a elogiarlos. Pero su elogio, nuevamente, no es otra cosa que una punzante denuncia: el mayor mérito, dice, consiste en que no les importa realmente nada de la mayoría de los hombres, sino sólo de los que son semejantes a ellos, que son precisamente los que pueden encontrar deleite en sus argumentos, porque el resto, no le cabe duda, se avergonzaría. Sus razonamientos tienen la peculiaridad de hacerlos populares y simpáticos porque cuando declaran que no es posible aplicar un predicado a un sujeto, no sólo «cosen la boca de la audiencia sino las suyas también», con lo que resultan graciosos y los que escuchan les quitan animosidad (303c-d). Así, el supuesto elogio resulta una acusación moral e intelectual: ellos son indiferentes a toda causa común, y sus argumentos caen en contradicción, pero cabe el peligro seductor de la complicidad graciosa. Al punto, estas serias objeciones van inmediatamente seguidas de una fuerte dosis de ironía. Un mérito ulterior del método, declara Sócrates, es la rapidez con la que se aprende, por lo que les aconseja que no lo ejerzan en público ante un gran auditorio porque podrían aprenderlo y ni siquiera darles las gracias; lo mejor, dice, es que lo practiquen entre sí y con quien les pague. Y a continuación les ruega con vehemencia que sean admitidos como discípulos suyos Clinias y él mismo (304a-b).

IV

Aquí acaba la narración de la conversación: Sócrates quiere aprender de los sofistas argumentos que considera vergonzosos y auto contradictorios; él, que no puede pagar lecciones, les recomienda no enseñar sin cobrar. Al parecer, el teatro del absurdo funciona a la perfección en cuanto produce el efecto contrario del aparentemente expresado por los personajes, y en especial, por Sócrates: cuanto menos desea poner a los hermanos en dificultad, según dice, mayor es el descrédito al que ellos solos se exponen. La apariencia de mimetización con los recursos propiamente socráticos que el lector podría identificar al comienzo va cayendo, como una máscara de cera al fuego, a medida que el diálogo va progresando, y en el final la diferencia entre uno[8] y otros se manifiesta claramente al lector porque el diálogo ofrece los códigos que permiten develar lo que viene mimetizado[9]. Mientras los sofistas refutan cualquier proposición, sea verdadera o falsa, Sócrates refuta solamente aquella que considera falsa, incompleta, o nociva por razones morales.

En el epílogo, un personaje anónimo de la audiencia (que suele ser identificado como Isócrates) comenta a Critón que los sofistas, hombres muy influyentes, son unos charlatanes que sólo dicen trivialidades, y agrega que él debería avergonzarse de su amigo (i.e. de Sócrates) por su absurdo propósito de querer entregarse a unos sujetos nulos y ridículos que no dan ninguna importancia a lo que dicen, y se aferran a cualquier palabra. Rossetti (2000: 102) advierte que Sócrates se muestra reticente a responder ante esta grave acusación, y que Platón no elabora un *non sequitur* eficaz en base al cual negar credibilidad a tales argumentaciones, porque, a su modo de ver, confía que el lector medio no tiene dificultad para intuir que las tesis sofísticas no son atendibles y que las profesiones de admiración socrática hacia los hermanos son engañosas. Por debajo de ellas, hay, según este autor, un subtexto donde se pone de manifiesto no sólo la superioridad filosófica de Sócrates sino también la idea de que él y sus discípulos conocen el secreto de las paradojas sofísticas y están en condiciones de demolerlas. Cuando Critón replica que la filosofía es algo noble, el personaje le contesta que no sirve para nada (304e-305b). Así se pone de manifiesto que el teatro del absurdo no es para todo el mundo: el personaje no se ha percatado de la ironía socrática y a Platón le complace mostrar cómo se puede confundir, en la ciudad, la dialéctica con la sofística. Pero entre bambalinas, cuando Sócrates revela su juego ante Critón, considera que aunque los sofistas sean hombres insignificantes, a medio camino entre la filosofía y la política, sin embargo, hay que perdonarles su ambición, no enfadarse con ellos y tratarlos con magnanimidad, si dicen algo no carente de discernimiento (305c-306c). El diálogo acaba pero ahora estamos en condiciones de comprender por qué Sócrates manifiesta el deseo de ser discípulo de los sofistas: no porque realmente crea que puede aprender de ellos, sino porque, con esa excusa —tantas veces repetida— abre y prolonga el debate, para refutarlos con mano suave, delante de los jóvenes, algunos de los cuales (los suyos) parecen captar la carga de profundidad. El halago suena agradable a los sofistas y a aquellos que no advierten la ironía. Así, el humor irónico constituye el valioso recurso al servicio de una causa oculta: desmontar las argucias del interlocutor sin que advierta, casi, la crítica soterrada de golpe certero. El supuesto aspirante a alumno es, en realidad, el único maestro.

Notas

1 Uno de los problemas que enfrentamos ante este diálogo es la cuestión de su cronología relativa. En los últimos años se lo ha considerado dentro de la primera etapa o temprano dentro de la etapa de los diálogos medios. Así por ejemplo, Vlastos (1985: 1, n.1; 16, n.37) y Kahn (2010: 73) entienden que pertenece a una etapa temprana o de transición; en cambio, según Owen (1965, 329) es contemporáneo de la República. Para algunos autores del siglo XVIII o comienzos del XIX se trataba de un diálogo tardío (Sidgwick, 1872: 306; Gifford, 1905: 32). Así lo considera también Crombie (1963, vol. 1: 223). Canto (1987) lo sitúa en el momento de la fundación de la Academia; Kent Sprague (1993) en el período entre el primer viaje de Platón a Sicilia (-388/7) y la redacción de la *República*, quizás hacia el -380. Es imposible saberlo con precisión: para un estudio detallado de esta cuestión véase Chance (1992), quien lo considera probablemente tardío.

2 Kahn (2010: 328-329) observa que Sócrates afirma que «ama» la sabiduría de los sofistas (272b10) en el preciso instante en que la describe como «erística» y como contrapartida, los hermanos sofistas parece que «ponen en escena, en muchos respectos, una imitación y una caricatura de la técnica argumentativa de Sócrates, tal como la despliega en los diálogos». Pero Platón tiene el objetivo de marcar las diferencias, más allá de las semejanzas aparentes. Así, las tendencias destructivas de la refutación a cualquier precio quedan ridiculizadas mediante la exageración cómica.

3 Para un análisis de la función de estos diálogos entre Sócrates y Critón, véase Kato (2000: 123-132).

4 Para un desarrollo de los recursos miméticos, véase Rossetti (2000: 98-114). El autor observa, en una lectura cercana a la interpretación que deseamos desarrollar, que la refutación socrática pierde mucha visibilidad debido a la precaución y al deseo socráticos de colocarse a la defensiva, como si estuviera en verdadera dificultad. La crítica de Sócrates suele ir atenuada con consideraciones genéricas benevolentes porque este Sócrates se deja disciplinar y admite estar equivocado, como si no dispusiera de argumentos idóneos, como si no quisiera poner a los sofistas contra las cuerdas, al punto que la demostración de la ilegitimidad de sus inferencias permanece, según Rossetti, rigurosamente virtual.

5 Aunque el diálogo se caracteriza por el humor, incluye auténticos problemas filosóficos que Platón tratará en obras de madurez, tales como la naturaleza

ambigua del «es» predicativo (283-4), existencial y locativo; la referencia a la superioridad de la dialéctica respecto de la matemática (290c), que se establecerá en la *República*; la confusión entre significado relativo y absoluto (293-5) o entre diferencia y negación que desarrollará en el *Sofista*; la supuesta imposibilidad de contradecir (285); el principio de no contradicción (298), y la compleja alusión a la doctrina clásica de las Formas cuando se intenta explicar la relación entre las cosas bellas por referencia a la presencia de la belleza (301). El diálogo ofrece un «manual de falacias» que constituye un verdadero antecedente de las *Refutaciones Sofísticas* de Aristóteles, quien llevó a fórmulas generales sus desarrollos *in nuce*.

6 Por otra parte, este perfil de un Sócrates interesado en aprender a vencer en los tribunales y su explícita actitud aduladora contradicen abiertamente la descripción del filósofo que se presenta en el *Teeteto* (173d y ss.). Aunque en ocasiones Sócrates se muestra empeñado en vencer a toda costa, inclusive usando argumentos sofísticos a su alcance, en este caso su intención no puede ser otra que la ironía.

7 Los escitas, según cuenta Heródoto (IV, 65), utilizaban los cráneos de sus enemigos para hacer copas. El equívoco en el texto se debe al hecho de que el posesivo «sus» puede tomarse en sentido objetivo o subjetivo, naturalmente no se refiere a los cráneos de los que beben, sino a los de sus enemigos.

8 Así lo entiende Weiss (2000: 73). Calicles tiene razón cuando recrimina a Sócrates el uso de la vergüenza para ganar; jugar con las ambigüedades de las palabras y explotar los lapsus verbales de sus interlocutores, pero lo hace no para burlarse sino con el propósito serio de avanzar.

9 Como refiere Rossetti (2000: 103; 106; 113), tales señales se hallan en el prólogo, en los dos *excursus* sobre el *lógos protreptikós*, en la referencia a los protagóreos (287c), en las declaraciones que se refieren a Critón (304d) y poco más. Con estos elementos y la ayuda de lo que procede de otros diálogos, el lector ha de «re-escribir» mentalmente el diálogo en un juego «re-creativo» en el cual aprende que «no es verdad que Sócrates esté en dificultad» ni que «Eutidemo y Dionisodoro sean superiores a Sócrates», pero lo aprende solo porque Platón se muestra reticente a explicitar cuáles son las conclusiones correctas que deberían seguirse de las premisas y por qué no se siguen las que los sofistas pretenden. Contra la pretendida facilidad y rapidez de la enseñanza, las dificultades son múltiples para el lector de este diálogo, pleno de juegos miméticos entre los procedimientos de los personajes, y de deliberadas reticencias por parte de Platón, en una de sus obras más desafiantes (y brillantes).

Referencias bibliográficas

CANTO, M., *L'intrigue philosophique, Essai sur l'Euthydème de Platon*, Les Belles Lettres, Paris 1987.

CHANCE, T., *Plato's Euthydemus*, University of California Press, Berkeley/Los Angeles/Oxford 1992.

CROMBIE, I. M., *An Examination of Plato's Doctrines*, Routledge, London 1963.

GIFFORD, E., *The Euthydemus of Plato*, Clarendon Press, Oxford 1905.

KAHN, C., *Platón y el diálogo socrático, El uso filosófico de una forma literaria*, traducción de A. García Mayo con prólogo de B. Bossi, Escolar y Mayo, Madrid 2010.

KATO, S., «The Crito-Socrates Scenes in the *Euthydemus*: A Point of View for a Reading of the Dialogue» en T. Robinson and L. Brisson (eds.) *Plato, Euthdemus, Lysis, Charmides, Proceedings of the V Symposium Platonicum*, Academia Verlag, Sankt Augustin 2010, pp. 123-132.

KENT SPRAGUE, R., *Plato, Euthydemus*, translated with an Introduction, Hacket, Indianapolis/Cambridge 1993.

OLIVIERI, F., «Introducción, traducción y notas al *Eutidemo* de Platón», en Platón, *Diálogos II: Gorgias, Menéxeno, Eutidemo, Menón, Crátilo*, Gredos, Madrid 1983.

OWEN, G.E.L., «The Place of *Timaeus* in Plato's Dialogues», en Allen, R.E. (ed.), *Studies in Plato's Metaphysics*, Routledge, New York 1965, pp. 313-338.

ROSSETTI, L., «La confutazione virtuale dei paradossi nell'*Eutidemo*», en Robinson, T. & Brisson, L. (eds.) *Plato, Euthdemus, Lysis, Charmides, Proceedings of the V Symposium Platonicum*, Academia Verlag, Sankt Augustin 2000, pp. 98-114.

SIDWICK, H., «The Sophists», *Journal of Philology*, 4, 1872, pp. 288-307.

VLASTOS, G., «Socrates's Disavowal of Knowledge», *Philosophical Quarterly*, 35, 1985, pp. 1-31.

WEISS, R., «Socratic Elenchus and Euthydemian Eristic», en Robinson, T. & Brisson, L. (eds.), *Plato, Euthdemus, Lysis, Charmides, Proceedings of the V Symposium Platonicum*, Academia Verlag, Sankt Augustin 2000, pp. 68-75.

VII. La dimensión cómica del discurso de Sócrates en el diálogo «Gorgias» (464b2-466e3)*

Zbigniew Nerczuk

1. El embrujo platónico

Las obras de Platón no sólo constituyen un gran legado filosófico. El genio de Platón se expresa también en el plano literario de sus textos, que se distinguen por su inusual composición, la diversidad de sus formas, su elevada carga emocional, la originalidad de la narración, sus múltiples alusiones, préstamos literarios e interpretaciones, y por supuesto, el humor empleado, ya sea en forma de ironía, burla, parodia, caricatura o sátira. Los protagonistas de los diálogos platónicos son diversos: unos son alegres y otros taciturnos, algunos se enojan y otros se llenan de júbilo, los hay que se enzarzan en disputas y también los que llegan a acuerdos. Las obras de Platón son como un espectáculo teatral muy inusual o incluso como misterios escenificados por un gran director. Así, es imposible entender el significado de sus textos de una forma satisfactoria sin antes tener en cuenta su aspecto literario y cualquier intento de reducir sus ideas

---

* Quiero agradecer al Dr. Jonathan Lavilla de Lera su inestimable ayuda para la corrección final y mejora de la versión española de este texto.

a un análisis estricto de su corrección lógica puede llevar solamente a interpretaciones erróneas y a banalizar por completo sus extraordinarios textos.

Entre las decenas de interlocutores de Sócrates en los diálogos platónicos, los representantes del movimiento sofístico desempeñan un papel especial. El término «sofista» (que es al mismo tiempo muy amplio y poco claro) se refiere a personajes muy diferentes y con intereses diversos. Entre ellos se encuentra el maestro Protágoras, los rétores Gorgias y Trasímaco, los erísticos Eutidemo y Dionisodoro, el polímata Hipias, el lingüista Pródico, el no muy conocido Calicles (quien niega haberse dedicado a la enseñanza profesional de la retórica) y muchos otros personajes, tales como Polo, Menón y Antimoiro, el alumno de Protagoras mencionado en una sola ocasión[1]. Este conjunto es tan diverso y heterogéneo que podría llegar a pensarse que el término «sofista» persiste solamente debido a la tradición, si no fuese por una característica compartida por todos estos personajes: los unió la crítica de Platón, de cuyo humor todos fueron víctima.

La idealización de Sócrates propiciada en la cultura europea por los diálogos platónicos hizo que el mencionado grupo de interlocutores pasara a la historia como pseudo-filósofos, intelectuales fracasados, maestros irresponsables, manipuladores sin escrúpulos y consagrados al poder y al dinero. La mala fama ligada al término «sofista» es sin duda alguna *mérito* de Platón, y (más interesante aún) también de Aristóteles, quien usó el término refiriéndolo a personajes definitivamente diferentes a los aludidos por Platón mediante el mismo[2]. A pesar de los siglos, la rehabilitación de los sofistas progresa muy lentamente; incluso hoy, como lo resumió Kerferd (1981: 174), «the ghost of Platonism is still active».

¿En qué reside el embrujo de la obra de Platón, que ha influido sobremanera a toda la cultura europea? ¿Qué medios le ayudaron a perpetuar la opinión de que este amplio grupo de personas, señalados por otras fuentes como los fundadores de las humanidades, la pedagogía y muchas otras disciplinas, fuera en realidad un grupo de «charlatanes intelectuales»? Sin duda, la estrategia que Platón trazó para criticar a este heterogéneo grupo y que se plasmó en sus diálogos desempeñó un papel importante. Platón establece un contraste neto entre Sócrates, altruista y amante desinteresado de la verdad, y los que él designa mediante el término «sofista», pretendidamente superficiales y egoístas. Platón utiliza este esquema en los diálogos en los que los sofistas son los interlocutores de Sócrates (*Hipias Menor, Hipias Mayor, Eutidemo, Protágoras, Gorgias, República*), en los que sus puntos de vista son presentados (*Menón, Teeteto*) o en el diálogo *Sofista*, que trata acerca de la definición del sofista. Si bien en cada caso la crítica lanzada contra los sofistas y rétores adopta formas distintas, al hablar de todos ellos Platón emplea de manera reiterada burlas, caricaturas, parodias, la sátira y la ironía, en diferentes grados y niveles de intensidad. La belleza narrativa de los *Diálogos* propicia que el lector se identifique con el «noble Sócrates», respaldándole en el combate contra sus *inmorales* e *intelectualmente superficiales* adversarios. Desgraciadamente, junto al lector profano, muchos interpretes sucumben ante el encanto de los textos platónicos, identificando al personaje Sócrates con el Sócrates histórico. Todo esto debido en buena medida al gran sentido del humor de Platón. La burla es su arma y los diálogos platónicos están repletos de ella.

2. Los límites del intérprete a la hora de analizar el humor en el Corpus

Antes de pasar al análisis del pasaje *Gorgias* 464b2-466e3, que constituye un compendio de la conversación entre Sócrates y Gorgias acerca de la retórica, y en el que la estrategia polémica de Platón es manifiesta, vale la pena mencionar los límites existentes a la hora de interpretar el *humor* en la obra platónica.

El intérprete tiene que recordar que el humor depende en gran medida de un contexto histórico preciso. Así, con el paso del tiempo una broma puede perder rápidamente su comicidad y, lo que es más, puede dejar de ser percibida como un elemento humorístico. En el caso de la literatura de la Antigua Grecia, debido a las notables diferencias y limitaciones culturales y lingüísticas que nos separan de ella, a los lectores contemporáneos —pero lo mismo podría señalarse del lector moderno, del medieval o incluso del de la antigüedad tardía— a menudo nos sucede esto mismo, de tal manera que las connotaciones literarias del texto en gran parte resultan ininteligibles para nosotros. Distinguir en el texto lo que se expresa con tono serio de lo dicho en clave humorística y, asimismo, captar las auténticas intenciones del autor constituyen, sin duda, dos de las principales dificultades que todo intérprete debe afrontar y con las que debe estar familiarizado. Precisamente, este es el caso cuando nos referimos a la literatura de la antigüedad, repleta de textos cuyo estatus de «serios» o «cómicos» no está claro, debido, en buena medida, a la pérdida de familiaridad con el contexto de cada obra, causada, entre otros factores, por la pérdida de información acerca del contexto cultural de la época.

El carácter intertextual de la literatura antigua, basado en el arte de las «variaciones» y en una manera a menudo muy poco explícita de citar, parafrasear o referirse a otros textos, hace necesario aceptar que apreciar con certeza la esfera del humor y de lo cómico constituye un límite para el intérprete, siendo difícil de reconocer y de comprender correctamente, cuando directamente no nos pasa inadvertida. En cualquier caso, al intérprete le proporciona cierto alivio el carácter universal de algunos aspectos del humor, que permiten transcender la barrera del tiempo (los referentes, sobre todo, al sexo y los defectos físicos y psicológicos del ser humano). Además, cabe señalar que conocemos parte de la información relativa al contexto o que es posible reconstruirla.

3. El Gorgias: un buen campo de estudio para analizar la cuestión del humor

Un ejemplo muy interesante de la polémica entre Platón y los representantes de la sofística aparece en la conversación de Sócrates y Gorgias de Leontinos en el diálogo *Gorgias*. Gorgias fue uno de los creadores de la retórica siciliana, además de una figura destacada en la literatura y la política de su época. Se le atribuye la conexión de la retórica con la poesía y la creación, o más bien, la predilección por el uso de las figuras retóricas conocidas por su nombre, i.e. *figuras gorgianas*. Además, ha pasado a la historia el período en el que fue enviado como embajador a Atenas en el 427 a. C., en el que impresionó en gran manera a los atenienses con sus habilidades retóricas (DK 82 A4). No se sabe si Sócrates conoció personalmente a Gorgias o si, por lo menos, atendió sus discursos, pero el rétor debió de ser un personaje importante para el entorno de Sócrates y, sobre todo, de Platón, hasta el punto de que se le dedicase un diálogo cuarenta años después de su estancia en Atenas[3]. Probablemente terminado poco después de la fundación de la Academia, el *Gorgias* es, junto con la obra *Protágoras* y el diálogo posterior *Sofista*, el texto polémico contra los sofistas más amplio y artístico. El diálogo empieza con la conversación entre Sócrates y Gorgias (447a1-461b1), que constituye la base de una larga discusión sobre la esencia de la retórica y el mejor modelo de vida. Después se presenta la conversación de Sócrates con Polo (461b2-481b5), alumno de Gorgias, y con el no muy conocido Calicles (481b6-527e7). El sentido de esta elaborada estructura ha sido interpretado de diversas formas y los investigadores han hecho un análisis cuidadoso del diálogo para encontrar la división más apropiada de su estructura[4].

La conversación entre Sócrates y Gorgias ofrece al investigador de las obras platónicas una oportunidad idónea para analizar la forma en la que Platón presenta una figura histórica del círculo sofístico, ya que en el caso de Gorgias el material conservado es notablemente más abundante que el de los otros sofistas, resultando así mucho más factible hacer una comparación entre las tesis genuinamente gorgianas y el Gorgias que Platón dibuja. El material conservado al que aludimos consiste en dos discursos completos discursos de Gorgias, el *Elogio de Helena* y la *Defensa de Palamedes*, algunos fragmentos de otros discursos, dos paráfrasis del tratado *Sobre la Naturaleza o el No Ser* y toda una serie de informaciones doxográficas (Cf. Diels & Kranz 1969; Buchheim 1989; Spatharas 2001; Laks & Most 2016). En comparación con lo que sucede con otros interlocutores socráticos del círculo sofístico, esta abundante fuente textual ofrece mayores garantías a la hora de recrear el contexto de la discusión entre Sócrates y Gorgias.

El hecho de que Gorgias fuese representado de una manera vil y caricaturesca en el diálogo homónimo ya fue notado en la Edad Antigua, como refiere Ateneo (siglo II d. C.):

> Se cuenta que Gorgias, tras haber leído por sí mismo el diálogo platónico que lleva su nombre, dijo a sus amigos: «¡Qué bien sabe Platón injuriar!». Por su parte, Hermipo, en su libro *Sobre Gorgias*, dice: «Cuando Gorgias llegó a Atenas tras haber dedicado su propia estatua áurea en Delfos, Platón le dijo al verlo: "Llega a nosotros el noble y dorado Gorgias". Gorgias replicó: "Noble en verdad y nuevo es este Arquíloco que Atenas ha criado"». Otros, en cambio, dicen pues, que al leer el dialogo de Platón, Gorgias explicó a los presentes que nunca había dicho o escuchado algo así [de Platón] (DK 82 A15a. Trad. de Solana 2013 ligeramente alterada).

Aunque no puede descartarse que Gorgias siguiese con vida en el momento de aparecer el dialogo de Platón[5], las diferencias entre estas tres versiones y la información de las biografías helenísticas permiten concluir que éstas podrían ser resultado de los añadidos e invenciones típicos de este período. Dejando de lado esta cuestión, vale la pena aun así señalar que ya los intérpretes antiguos consideraban satírica la representación platónica de Gorgias y, por lo tanto, burlona y caricaturesca. El primer autor anónimo referido en la cita anterior, definiendo la manera en la que Platón describe a Gorgias, usa el verbo ἰαμβίζω, que se refiere a la métrica empleada por la poesía arcaica de la Edad Antigua en las obras satíricas. El segundo directamente lo parangona con Arquíloco (VII a. C.), poeta lírico y autor de obras satíricas escritas en metro yámbico.

Teniendo en cuenta la opinión de los antiguos, vale la pena analizar la conversación entre Sócrates y Gorgias. Analizar todos los elementos cómicos del diálogo (que son abundantes) exigiría considerar la problemática de la estructura del diálogo, del escenario, de la forma en la que Gorgias es representado, al igual que la credibilidad histórica que merece la ideología del rétor tal y como es presentada por Platón y el amplio alcance de la crítica que Platón pone en boca de Sócrates. Se trata de una empresa excesiva para este texto, por lo que nos limitaremos a analizar un solo elemento: el compendio de la conversación con Gorgias presentado por Sócrates en forma de discurso utilizando el método de la *división*.

4. Un ejemplo de humor polémico en el Gorgias

La conversación de Sócrates con Gorgias es un preludio del diálogo, que adquiere una dimensión cada vez más dramática con cada nuevo interlocutor de Sócrates. Discurre acerca de qué es la retórica y durante la discusión se hace referencia a conceptos socráticos como el *tema*, el *conocimiento* y el *poder del arte*.

Al comentar el tono de la discusión de Sócrates con Gorgias, los comentaristas señalan que se caracteriza por un «mutual respect» [respectuo mutuo] (Guthrie 1975: 285) o «eine respektvolle Höflichkeit» [una cortesía respetuosa][6] (Gauss 1952: 40). Por supuesto, la imagen del rétor de Leontinos en el diálogo no está exenta de ciertos aspectos caricaturescos. Platón enfatiza el orgullo del orador, su autocomplacencia y su exagerada admiración por la enjundia de su profesión[7]. Gorgias alaba la retórica y su potencia. Las respuestas que da a las preguntas socráticas son imprecisas, demasiado vagas y, como trata de mostrar Sócrates, mal concebidas e inconsistentes. En Gorgias se ve a un bufón con rasgos típicos de los mimos o de los personajes de la Comedia Antigua. Es caracterizado por la exageración típica de quien, habiéndose acostumbrado a los aplausos y al culto, está convencido de su grandeza.

Sin embargo, el sentido de esta caricatura no es tan obvio. Ciertamente, en el diálogo Gorgias llega a estar acorralado cuando vincula la retórica con la justicia (454b7) y defiende a los maestros de retórica contra las acusaciones de un empleo injusto de ésta (456a7-457c3). No obstante, al resumir la refutación final, basada en la afirmación de que «el que ha aprendido la justicia, actúa justamente», Sócrates no desacredita completamente a Gorgias como maestro. El filósofo señala que el resultado de la discusión es vago, sugiriendo que los oradores no entienden la justicia, pero se abstiene de afirmar inequívocamente la falsedad de la tesis gorgiana.

El discurso, por lo tanto, no termina con una derrota definitiva del rétor, sino que es repentinamente interrumpido con la irrupción de un nuevo personaje, que entra en escena como sacado directamente de una obra mímica o cómica: el *potro*[8], alumno de Gorgias, Polo. Y es su respuesta la que resuelve la contradicción que Sócrates halló en las palabras de Gorgias. Polo anuncia que Gorgias, en contra de lo que afirma, no conoce qué es lo justo y qué no lo es, y, por lo tanto, que no enseña justicia. Según el joven rétor, Gorgias previamente afirmó poseer tal conocimiento no por creerlo así, sino forzado por Sócrates y movido por la vergüenza (461b3-c1).

Si bien la conversación entre Sócrates y Gorgias manifiesta que entre el pensamiento de ambos autores existen numerosos problemas y puntos de conflicto, esto no implica que Gorgias y Sócrates sostengan planteamientos antagónicos. Sólo a causa de las palabras de Polo parecen situados en extremos opuestos. Así, nace una nueva discusión en el diálogo. La declaración de Polo confirma, pues, la sospecha socrática de que los oradores no tienen conocimiento sobre la justicia, ¡anteriormente proclamada como la materia central de la retórica! Entonces, ¿sobre qué trata? La retórica, en tal coyuntura, parece ser una ocupación completamente desprovista de conocimiento, que consiste en un mero aparentar. ¿Qué es, por consiguiente, la retórica?

Al principio de la conversación con Polo, Platón añade un nuevo concepto (a otros como el *tema*, el *conocimiento* y el *poder del arte*, que fueron introducidos durante la discusión con Gorgias). Éste, extremadamente importante o incluso el más importante en lo relativo al concepto platónico de arte, es la noción del *propósito* del arte, que constituye el bien de aquello sobre lo que el arte trata. Teniendo este concepto en mente, Sócrates sostiene que todo arte puede ser designado mediante el término «cuidado» [θεραπεία], aclarando que el propósito final de cualquier habilidad es el bien o el beneficio, no necesariamente para el que lo crea, sino para el objeto final de este *cuidado*, que es el ser humano. Este nuevo hilo, que trata sobre el propósito del arte, es la base de la respuesta platónica a la siguiente pregunta: ¿la retórica realmente consigue realizar el bien mediante sus acciones y cumple así el propósito del arte? La respuesta de Platón, basada en los resultados de la conversación de Sócrates con Gorgias, es definitivamente negativa.

El concepto de propósito del arte constituye la base de la primera y más larga declaración de Sócrates, mediante la que resume los resultados de su diálogo con Gorgias y presenta los elementos principales de su propio concepto de arte (464b2-466e3). Según Sócrates, todas las artes están divididas de una forma dicotómica en relación al objeto de su *cuidado*, que puede ser el alma o el cuerpo humano. El filósofo menciona dos artes que cuidan de estos objetos: la primera la llama *política*; para la segunda, en cambio, no halla un nombre que sea lo suficientemente adecuado. Sin embargo, es posible definirla, ya que (como dice Sócrates) se trata simplemente de una atención general al cuerpo y del *cuidado* de éste. Mientras que del bien del cuerpo se ocupan la gimnasia y la medicina, el bienestar del alma es procurado por otras dos habilidades: la legislación y la justicia. Tal como el propósito de la gimnasia es la mejora y el mantenimiento de la buena condición del cuerpo, y el de la medicina es la eliminación de la enfermedad, así, el propósito de la legislación es prevenir el mal. Asimismo, según Platón, la justicia es la encargada de castigar adecuadamente, es decir, de curar las almas «enfermas». Pero la característica común de estas cuatro artes es siempre la misma, esto es, su propósito: el bien del cuerpo y del alma (464c3-5).

Existe también otro tipo de actividad que Sócrates llama «adulación». La *adulación* también tiene cuatro formas, haciéndose pasar por las cuatro artes antes mencionadas. La cosmética y la culinaria, dirigiéndose al cuerpo, corresponden a la gimnasia y la medicina, mientras que la retórica y la sofística, en su relación con el alma, se hacen pasar por la legislación y la justicia. A diferencia del arte, la *adulación* no cuida del bien del alma o del cuerpo, sino que «captándose a la insensatez por medio de lo más agradable en cada ocasión, produce engaño, hasta el punto de parecer digna de gran valor»[9] (464d1-3). Al otorgar placer al alma o al cuerpo, la *adulación* provoca la creencia de que resulta de gran valor (464d1). Su fin es generar placer en el alma o en el cuerpo y lo hace por medio la observación [αἴσθησις, 464c5]. Los representantes de la *adulación* no basan su actividad en un conocimiento real de lo que es justo o saludable, sino en la observación de lo que a cada uno le causa placer. Por ello, los rétores no pueden basar sus acciones en el conocimiento, sino que al actuar deben confiar en la conjetura, considerando las probabilidades de lograr los resultados deseados (464c6).

La *adulación* está condicionada por la ausencia de conocimiento acerca de lo que es realmente bueno para el cuerpo y el alma. Así, por ejemplo, solamente merced a la ignorancia de los que se complacen con las sensaciones del paladar, un cocinero puede hacerse pasar por alguien que conoce mejor el cuerpo y los alimentos que éste necesita. Y si los niños o los «hombres tan insensatos como niños» fuesen los que decidiesen si es el médico o el cocinero el que reconoce mejor los alimentos saludables y los dañinos, «el médico moriría de hambre» (464e1-2). La cocina no es un arte, sino una práctica, por el hecho de que su fin es el placer y no la salud. La cocina sólo funciona basándose en la rutina y a la observación, no como las auténticas artes, que actúan de acuerdo con ciertas reglas y cuyo fin es el bien.

Igual que los cocineros, los que se ocupan de las otras artes etiquetadas por Sócrates como meras «prácticas» [ἐμπειρία] no conocen la verdadera naturaleza del objeto de sus acciones ni saben mucho acerca de los medios que ellos mismos emplean (465a3-4). El resultado es la falta de conocimiento de la naturaleza humana, y esto hace que ninguno de los representantes de dichas actividades pueda rendir cuenta de sus acciones razonadamente (465a5). Por lo tanto, el arte es diferente a la *adulación* por basarse en el conocimiento y no en la mera observación; por eso, el artesano siempre puede dar a conocer los motivos de sus acciones (465a5-6).

De manera análoga a la cocina, la cosmética crea la falsa ilusión de que su fin es el bien del cuerpo humano. En realidad, la cosmética solamente intenta imitar a la gimnasia, creando la ilusión de que el cuerpo, embellecido por sus medios (465b4-5), goza de muy buena salud. Sócrates señala que, por lo tanto, los que se valen de los medios de la cosmética adornan su cuerpo con una belleza postiza y ajena, olvidándose de la verdadera belleza que éste tiene o que, por lo menos, puede alcanzar gracias a la gimnasia. En fin, según Sócrates, la cosmética (como la cocina) es «perjudicial, falsa, innoble, servil» (465b2-4).

Para Sócrates la retórica y la sofística son también una forma de *adulación*, ya que en su funcionamiento no difieren de la cocina y de la cosmética. El propósito de la sofística es crear en el alma la ilusión de ser análoga a la verdadera legislación. Por su parte, la retórica se limita a *aparentar* que su fin es procurarle el bien al alma enferma, tal como realmente hace la justicia. En consecuencia, Sócrates señala que, aunque la retórica y la sofística tienen una naturaleza diferente (465c4), son lo suficientemente parecidas como para afirmar que los sofistas y los rétores «se confunden, en el mismo campo y sobre los mismos objetos» (465c5). Según Sócrates, éste es el resultado de la ignorancia que exhiben los rétores y los sofistas, debido al desconocimiento del objeto tratado y del propósito de sus ocupaciones. Por ello, ni el resto de la gente ni ellos mismos son capaces de precisar en qué consiste realmente su práctica (465c5-7).

La fortaleza de los sofistas y los rétores se observa solamente cuando, a causa del desconocimiento, el verdadero bien y el placer resultan indistinguibles para alguien. En una situación tal, podría afirmarse que es el cuerpo quien dirige al alma y no el alma al cuerpo. Pero si el cuerpo se encargara de juzgar entre el bien y el mal, basándose en el placer, sería imposible el orden en el mundo. No habría ninguna diferencia entre el arte y la práctica, ya que lo agradable sería lo mismo que lo bueno. Una situación similar es la condición descrita por Anaxágoras: «todas las cosas juntas» (DK 59 B1). Sin embargo, según Sócrates, en realidad no es el cuerpo quien conduce al alma, sino el alma quien dirige al cuerpo. Guiada por la idea del bien, ésta puede distinguir entre la práctica médica y culinaria, y diferenciar la justicia de la retórica. Finalmente, Sócrates concluye que la retórica es para el alma lo mismo que la cocina para el cuerpo (465e1).

El discurso de Sócrates está repleto de paradojas y humor. ¡Llama a la retórica y a la sofística «adulaciones», y dice que son equivalentes a la cocina y a la cosmética! «Fingir ser un arte», «alabar», «engañar» y «complacer al alma», es, según Sócrates, la práctica de estas ocupaciones. En opinión de Sócrates, los sofistas y los oradores carecen de conocimiento y su actividad se basa en la rutina.

En estas expresiones paradójicas y repletas de humor, existe una prolija serie de problemas filosóficos estrechamente relacionados con los textos de Gorgias. El discurso de Sócrtes designa dos dominios opuestos. El primero de ellos es el del arte o *cuidado* (la cultura); el segundo, el de la práctica. Al segundo Sócrates se refiere con términos tales como «adulación» [κολακεία], «simulacro» [εἴδωλον] o «ilusión» [ἀπάτη].

Nótese la alta dosis de ironía con la que Sócrates utiliza en su discurso algunos de los conceptos más significativos de la propuesta de Gorgias. Empecemos analizando el del «placer» [ἡδονή], resultado inevitable (y propósito) de las *pseudo-artes* según Platón.

El tema del *placer*, tomado por Platón, sin duda hace referencia y remite al concepto sofístico, y especialmente gorgiano, de arte. Según el de Leontinos, la tarea de algunas artes es procurarle placer [τέρψις, ἡδονή] a los destinatarios. Tal objetivo artístico se manifiesta a menudo en textos atribuidos a Gorgias o vinculados al movimiento sofístico. Así, en el *Elogio de Helena*, el rétor mantiene que procurar placer es el objetivo final del arte[10]. Cuando habla de pintores y escultores, señala que sus obras «deleitan la vista» o «proporcionan dulce espectáculo a los ojos» (DK 82 B11, 18. Trad. de Solana 2013). Señala que el poder del placer contenido en las palabras es mayor incluso al poder de la verdad. En el famoso *elogio de la palabra*[11], Gorgias afirma que «un solo discurso deleita y persuade a gran multitud si es redactado con arte, aunque no haya sido pronunciado según la verdad» (DK 82 B 11, 13. Trad. de Solana 2013).

Otro concepto importante de la retórica de Gorgias es la ilusión [ἀπάτη]. Vale la pena señalar que Platón una vez más expresa su crítica de forma muy irónica y repleta de alusiones intertextuales. Sócrates afirma que la ilusión, «captándose a la insensatez por medio de lo más agradable en cada ocasión, produce engaño» [τῷ δὲ ἀεὶ ἡδίστῳ θηρεύεται τὴν ἄνοιαν καὶ ἐξαπατᾷ, 464d2]. Llama a la cosmética «falsa» [ἀπατηλή] o sostiene que ésta «engaña con apariencias, colores, pulimentos y vestidos» (465b4-5). La ilusión [ἀπάτη] que como *idée fixe* aparece en el discurso de Sócrates, remite directamente a un concepto fundamental del pensamiento gorgiano, a saber, la ἀπάτη (cf. Verdenius 1981; Segal 1962).

Con la *ilusión* Platón interrelaciona el término «simulacro» [εἴδωλον], procurando que Sócrates lo emplee cuando habla de las pseudo-artes. El uso de la palabra «simulacro», que significa *espectro* o *fantasma*, constituye un ejemplo idóneo de la ironía, ambigüedad y carácter alusivo de la polémica platónica. Primero, el *simulacro* (que ya aparece en Homero con el sentido de «ver»), con la ayuda del cual los dioses reemplazan a sus favoritos, se refiere a un conocido motivo literario: la leyenda de Estesícoro. Según dicha tradición, Estesícoro ofendió a Helena en una de sus obras al atribuirle el adulterio, y, como castigo, el poeta se vio privado de la vista. Sólo recuperó la visión al escribir una *Palinodia*, en la que desmintió las acusaciones anteriores, alegando que, en Troya, junto a Paris meramente se hallaba el simulacro o fantasma de Helena. Si tenemos en cuenta que fue el rétor de Leontinos el creador del *Elogio de Helena*, la alusión de Platón se vuelve diáfana.

En segundo lugar, los simulacros son resultado de la ilusión. Gorgias considera en el campo de pintura y de la escultura los mejores son aquellos que saben recrear la realidad de la forma más convincente, es decir, crear una ilusión de ésta. En lo que respecta a la palabra, la cuestión es análoga. Gorgias afirma que la palabra es capaz de hacer que «doctrinas increíbles y oscuras parezcan evidentes a los ojos de la opinión»[12]. Por su parte, Platón defiende que cuanto se limita a crear ilusión no puede ser llamado arte, sino meramente algo que finge serlo, esto es, algo que en sí mismo constituye una ilusión del verdadero arte. La retórica, según sostiene Platón, es una *ilusión* de la justicia y, a su vez, la sofística únicamente procura que algo *parezca* justo. El caso es el mismo en el ámbito del cuerpo: la cosmética solamente crea la ilusión de que algo sea bello y saludable.

En tercer lugar, «simulacro» o «fantasma» [εἴδωλον] es un término empleado en la teoría del conocimiento de Empédocles (Hergenhahn & Henley 2013: 34), a la que, precisamente, le da continuidad Gorgias[13]. Según esta doctrina, los simulacros [εἴδωλα] son ciertas imágenes o efluvios [ἀπόρροιαι] que, emanando de los objetos, entran en contacto con la vista y hacen posible la percepción visual de estos objetos. Una referencia a dicha doctrina aparece en el *Menón* de Platón, en el que la definición del color atribuida a Gorgias contiene elementos característicos de la doctrina empedoclea (Beare 1906: 21).

Los simulacros [εἴδωλα] son, por lo tanto, como fantasmas o fantasías, porque solo parecen ser algo. Esta antipatía platónica respecto a la apariencia (otra referencia más al concepto de arte gorgiano) se manifiesta en el vocabulario del discurso socrático. Según indica Sócrates, la retórica y la sofística *fingen* o *aparentan ser*, se hacen pasar por algo diferente de lo que son, tal como hace la culinaria, la cual «se oculta bajo la medicina y finge conocer los alimentos más adecuados para el cuerpo»; y la cosmética, «que es perjudicial, falsa e innoble, y engaña con apariencias, colores, pulimentos y vestidos» (465b4-5), haciendo que las personas se adornen con una belleza ajena y descuiden la suya propia, escondidos bajo una mera máscara de la gimnástica (465b3-6).

Sócrates, por lo tanto, confecciona su discurso de tal manera que equipara la actividad de las pseudo-artes con una determinada forma de crear ilusión, a saber, la propia del arte dramático. Se pueden indicar al menos dos razones subyacentes a esta estrategia platónica. Una de ellas es la intertextualidad, y más concretamente, la alusión a la doctrina de Gorgias, quien se inspiraba en la poesía y en el arte dramático. Recordemos que uno de los deseos del rétor de Leontinos era otorgarle a la retórica el mismo poder que el de la poesía, entendida ésta en un sentido amplio que incluye el drama. Ésta es la razón de que la imagen de la retórica propuesta por Gorgias sea próxima a la poesía en cuanto a su temática, léxico y forma de expresión. La otra razón es la pretensión platónica de señalar que la fuente de la definición gorgiana de arte remite a la *mimesis* del drama. Los estudios del término «*mimesis*» señalan que su origen se remonta a la del mimo que representa un papel, es decir, que *finge* y *aparenta ser* alguien que en realidad no es (Koller 1954).

La crítica de Sócrates resulta demoledora respecto al concepto de arte gorgiano. Según Platón, la retórica no sólo es un arte irrelevante, ¡sino una práctica que no merece el apelativo de «arte» y que en realidad resulta ser un mero simulacro basado en la sensación y la rutina!

5. Consideraciones finales

El discurso de Sócrates que hemos analizado es un mero ejemplo del abundante catálogo de argumentos de carácter polémico empleados contra la sofística a lo largo del *Corpus Platonicum*, y da buena muestra de la complejidad y sofisticación de la crítica platónica. El contraste entre la posición del Sócrates platónico, que cataloga la retórica como una pseudo-arte basada en la *adulación* y la llama «ilusión de justicia», y la posición de Gorgias, que mantiene que la retórica es el arte más fino, está presentado por Platón de tal forma que se desacredita la segunda.

Vale la pena notar que Platón utiliza el *método de la división* en esta crítica. El uso humorístico de dicho método en el *Gorgias*, una diálogo relativamente temprano (de acuerdo con la cronología habitualmente aceptada), anticipa la estrategia que empleará más adelante en el *Sofista*, en el que, a fin de desprestigiar más si cabe la figura del sofista, Platón emplea una serie de divisiones notablemente cómicas que están dirigidas a definir la sofística.

Al caracterizar en su diálogo los personajes de Gorgias y Polo, Platón claramente alude a las tradiciones del mimo y de la comedia, que usan modelos caracterológicos (personajes-tipo) y en las que los nombres propios (a menudo parlantes) están frecuentemente conectados con las principales características del personaje. Así, Gorgias es mostrado como alguien fatuo y Polo —de acuerdo con su nombre, que significa «potro»— es representado como *joven e impaciente* (463e2). Las contraposiciones entre la realidad y la ilusión, o la ficción y la verdad, dominantes en el discurso de Sócrates, constituyen el eje de la crítica platónica de las artes miméticas. Por ello, en el empleo de la división, Platón alude ostensiblemente al arte dramático. La retórica, la sofística, la cosmética y la cocina, no son artes *verdaderas*, sino que *fingen, se disfrazan*; por tanto, como ya indicamos, son artes «perjudiciales, falsas, innobles, serviles, que engañan con apariencias, colores, pulimentos y vestidos» (465b4-5). La riqueza intertextual de este breve fragmento es notable. A un lector de la época, uno que conociera bien la cultura, bien pudiera evocarle los personajes de los mimos de Epicarmo y Sofrón, la historia de Helena y Estesícoro, la teoría del conocimiento de Empédocles, las definiciones de la retórica y del dramatismo de Gorgias, y, a buen seguro, muchos otros textos, ya olvidados en el presente. La maestría literaria de Platón consiste, pues, en entrelazar diferentes motivos entre sí, y al mismo tiempo, asociarlos con otros temas tradicionales de la filosofía y de la literatura. Precisamente, la gran complejidad del contexto hace que sea imposible cualquier afirmación inequívoca acerca la veracidad del personaje de Gorgias (tal y como lo representa Platón). Incluso si la ideología que se le atribuye en el diálogo realmente se correspondiese con la del maestro de Leontinos, es innegable que Platón realiza un trabajo magnífico representándola en un contexto idóneo y beneficioso para su estrategia polémica.

A fin de resumir esta breve interpretación, cabría reiterar que, para comprender correctamente a Platón, resulta preciso haber estudiado previamente el carácter literario e intertextual de sus trabajos, así como el rol que desempeñan el humor y las diversas formas de lo cómico en lo referente a dicha intertextualidad. Solamente uniendo estos dos aspectos de su genio creativo, es decir, el plano filosófico y el plano literario, y, sobre todo, mostrando el juego entre lo serio y lo humorístico, es posible captar al Platón *verdadero* y *original*, que yace recóndito y oculto tras una gruesa capa de estereotipos copiados.

Notas

1 Cf. Kerferd (1981: 42): «We know the names of upwards of twenty-six sophists in the period from about 460 to 380 B.C. when their importance and activity was at its height».

2 Kerferd (1981: 36) lo ha expresado así: «Their general omission from the doxographic tradition, coupled with the Platonist and Aristotelian view that their thought and teaching was bogus, meant that they were indeed virtually ignored by Hellenistic scholarship, and even such of their works as did survive were not read». Cf. también Classen (1981).

3 Según Dodds (1959), el diálogo fue confeccionado alrededor del 387-385 a. C.

4 Acerca de su estructura, Duchemin (1943: 265-266) ha señalado lo siguiente: «Entre tous les dialogues de Platon, le *Gorgias* est peut-être à première vue, le plus facile à diviser, mais le plus difficile par contre si l'on examine son contenu philosophique et la suite des idées».

5 La mayoría de los historiadores están de acuerdo en que estaba vivo en el momento de la aparición del diálogo. Sin embargo, Gauss (1952: 120) opina que Gorgias murió poco antes de la elaboración del diálogo y de la fundación de la Academia. Gauss sostiene que Platón nunca representó en sus diálogos a personas aún vivas.

6 Gauss (1952: 40) lo expresa del siguiente modo: «Es ist merkwürdig und auffallend, wie hier der Ton, der bei der Unterredung mit Gorgias immer eine respektvolle Höflichkeit wahrte, plötzlich sich ändert und einer persönlichen Bissigkeit Platz macht, wie mir sie bis jetzt in den Dialogen Platos noch nirgends gefunden haben».

7 Greene (1920: 65) afirma lo siguiente: «More subtle is the way in which, progressively, a similar attitude is upheld by characters in the Gorgias; the famous rhetorician is courteous, self-satisfied, rather simple, and has nothing to say when confuted».

8 El nombre «Polo» [Πῶλος] significa potro [πῶλος].

9 Todas las citas literales del diálogo *Gorgias* las tomamos de la traducción de Calonge (1983).

10 DK 82 B11, 5: «el decir a los que saben cosas que saben otorga crédito, pero no produce deleite» (trad. de Solana 2013).

11 DK 82 B 11, 8: «la palabra es un gran soberano que, con un cuerpo pequeñísimo y sumamente invisible, consigue efectos realmente divinos» (trad. de Solana 2013).

12 La frase entera de Gorgias afirma lo siguiente: «Puesto que la persuasión propia de la palabra modeló el alma como quiso, es preciso aprender, en primer lugar, los discursos de los meteorólogos, quienes, enfrentando opinión contra opinión, rechazando una e introduciendo otra, han hecho que doctrinas increíbles y oscuras parezcan evidentes a los ojos de la opinión» (82 DK B 11, 13. Trad. de Solana 2013).

13 Diels (1884: 361) lo señala en los siguientes términos: «Schüler und Fortführer der Empedokleischen Physik». Véase también Buchheim (1985).

Referencias bibliográficas

BEARE, I. J., *Greek Theories of Elementary Cognition, from Alcmeon to Aristotle*, Oxford Clarendon Press, Oxford 1906.
BUCHHEIM, T., «Maler, Sprachbildner: zur Verwandtschaft des Gorgias mit Empedokles», *Hermes*, 113(4), 1985, pp. 417-429.
BUCHHEIM, T. (ed.), *Gorgias von Leontinoi, Reden, Fragmente und Testimonien*, Hrsg. mit Übersetzung und Kommentar von T. Buchheim, Meiner, Hamburg 1989.
CALONGE, J. (trad.), *Diálogos II*, Gredos, Madrid 1983.
CLASSEN, H. J., «Aristotle's Picture of the Sophists» en Kerferd, G. B. (ed.), *The Sophists and their Legacy*, Franz Steiner Verlag, Wiesbaden 1981, pp. 7-24.
GREENE, W. C., «The Spirit of Comedy in Plato», *Harvard Studies in Classical Philology*, 31, 1920, pp. 63-123.
GUTHRIE, W. K. C., *A History of Greek Philosophy*, Vol. IV, *Plato the man and his dialogues: earlier period*, Cambridge University Press, Cambridge 1975.
DIELS, H., «Gorgias und Empedokles», *Sitzungsberichte der Königlich Preussischen Akademie der Wissenschaften zu Berlin*, 1, 1884, pp. 343-368.
DIELS, H. & KRANZ, W. (eds.), *Die Fragmente der Vorsokratiker*, Bd. 2, von H. Diels. Hrsg. von W. Kranz, Weidmann, Dublin/Zürich 1969.
DODDS, E. R. (ed.), *Plato: Gorgias*, Oxford University Press, Oxford 1959.
DUCHEMIN, J., «Remarques sur la composition du *Gorgias*», *Revue des Etudes Grecques*, 56(266-268), 1943, pp. 265-286.
GAUSS, H., *Philosophischer Handkommentar zu den Dialogen Platos*, vol. II/1, Herbert Lang, Bern 1952.
HERGENHAHN, B. R. & HENLEY T. B., *An Introduction to the History of Psychology*, Cengage Learning US, Belmont 2013.
KERFERD, G. B., *The Sophistic Movement*, Cambridge University Press, Cambridge 1981.

KOLLER, H., *Die Mimesis in der Antike: Nachahmung, Darstellung, Ausdruck*, Francke, Bern 1954.

LAKS, A. & MOST, G. W, *Early Greek Philosophy*, Vol. VIII, Sophists, Part 1, edited and translated by A. Laks & G. W. Most, Harvard University Press, Cambridge 2016.

SEGAL, CH. P., «Gorgias and the Psychology of the Logos», *Harvard Studies in Classical Philology*, 66, 1962, pp. 99-155

SOLANA DUESO, J. (ed.), *Los Sofistas: testimonios y fragmentos*, prólogo, traducción y comentario de J. Solana, Alianza, Madrid 2013.

SPATHARAS, D., *Gorgias: an edition of the extant texts and fragments with commentary and introduction*, Ph.D. Dissertation, University of Glasgow, Glasgow 2001. [http://theses.gla.ac.uk/2777/1/2001spatharasphd.pdf]

VERDENIUS, W. J., «Gorgias' Doctrine of Deception», en Kerferd, G. B. (ed.), *The Sophists and their Legacy*, Franz Steiner Verlag, Wiesbaden 1981, pp. 116-128.

VIII. La ironía socrática en el «Banquete» platónico: eros y belleza

María Jesús Hermoso

1. Introducción

Es cierta, sin duda alguna, la afirmación de Friedländer (1989: 142): «Seguramente uno no se puede internar en Platón si no se ha considerado lo que es la ironía y lo que significa en su obra». La ironía socrática impregna la obra platónica prácticamente en su totalidad, se filtra entre sus fibras más íntimas, la abraza, constituye el aire en el que respira y el contexto en el que se mueve. La ironía de Sócrates es la ironía de Platón, ambas son difícilmente deslindables; Platón hace suyo este rasgo socrático hasta convertirlo en el ambiente mismo de sus diálogos. Por ello la interpretación que se haga de la ironía decantará la lectura que se haga de su obra. ¿Es una ironía inocente o mordaz; es una máscara tras la que se esconde una verdad determinada; es una ironía de superficie o una carga de profundidad que tiene capacidad para desestabilizar el contenido de los diálogos, para dotarlos de un carácter ambiguo, escurridizo; hasta dónde llega la ironía?

La tarea del análisis de la ironía en Platón es un arduo trabajo al que los estudiosos han dedicado enormes esfuerzos. Nosotros en este espacio procuraremos acercarnos a uno de sus perfiles a partir del *Banquete* platónico: la relación de la ironía con el eros y la belleza.

2. *Eros, Sileno, Sócrates: la ironía como desdoblamiento*

Como punto de partida podemos atender a la estructura del diálogo, donde tras los elogios a Eros de los anteriores interlocutores interviene Sócrates, que los refuta en su conjunto[1] haciendo uso de su ironía característica:

> Llevado por mi ingenuidad, creía, en efecto, que se debía decir la verdad sobre cada aspecto del objeto encomiado [...]. Ciertamente me hacía ilusiones de que iba a hablar bien, como si supiera la verdad de cómo hacer cualquier elogio. Pero, según parece, no era este el método correcto de elogiar cualquier cosa, sino que, más bien, consiste en atribuir al objeto elogiado el mayor número posible de cualidades y las más bellas, sean o no así realmente; y si eran falsas no importaba nada[2]. (*Banquete*, 198d-e.) [3]

Sócrates lanza una jarra de agua fría sobre los hermosos elogios poéticos del discurso de Agatón. El diálogo cambia bruscamente de tono; hay una bajada a la realidad, una desmitificación de Eros. Sócrates quiere conocer la verdad, quiere saber qué tiene que ver Eros con el hombre de carne y hueso, cómo funciona el mecanismo psicológico que sostiene esta relación[4]. Introduce a Agatón en la dinámica de la dialéctica hasta que Agatón admite lo siguiente: «no sabía nada de lo que antes dije» (*Banquete*, 201b5). Entonces Sócrates da paso a Diotima, da la palabra a una mujer, única figura que reconoce como su maestra en las cosas del amor. Bajo la voz de Sócrates late en este momento crucial una voz femenina; cuando está en juego lo que más le importa, el amor a la belleza, se abre ante nosotros la enigmática figura de Diotima. Esta nos presentará un semblante de Eros tras el que se adivina el rostro mismo de Sócrates, su carácter atópico, bifronte, extravagante[5].

Eros, hijo de Poros y Penía, nace bajo el auspicio de Afrodita, de ahí que sea un eterno amante de la belleza. Ambos padres lo dotan de sus características, de un lado es «siempre pobre, y lejos de ser delicado y bello, como cree la mayoría, es, más bien, duro y seco, descalzo y sin casa, duerme siempre en el suelo y al descubierto, se acuesta a la intemperie en las puertas y al borde de los caminos»; de otro lado «está al acecho de lo bello y de lo bueno; es valiente, audaz y activo, hábil cazador, siempre urdiendo alguna trama, ávido de sabiduría y rico en recursos» (*Banquete*, 203b5-204a6). Ahí debemos esperar a Sócrates, al borde de los caminos, siempre al acecho, siempre tramando. Él mismo no es bello, ni bueno, ni sabio pero, a cambio, es un hábil cazador, eterno buscador de lo que le falta.

Casi sin querer, nos encontramos inmersos en el corazón de la ironía socrática, en medio de un desdoblamiento, de un no saber que respira en una inmensa profundidad. Hay un Sócrates indigente, que no sabe y que sabe que no sabe, pero esto, lejos de tornarlo un desvalido, lo dota de un gran poder; el poder de ese Sócrates altivo, seguro, capaz de disolver la dureza de las rocas, de filtrarse entre sus grietas y hacer aparecer un espacio completamente nuevo, el de la búsqueda erótica de la verdadera belleza.

Tras el discurso que Sócrates pone en boca de Diotima irrumpe Alcibiades borracho; su estado adelanta el tono de sus palabras. Los borrachos y los niños dicen la verdad, no sin humor y sin juego. El semblante de Sócrates que este lleva a cabo corre paralelo al de Eros. Un discurso chispeante, mordaz, desenfadado, comienza elogiando a Sócrates a través de imágenes. La imagen del Sileno abre el elogio; también en esta figura se aúnan dos naturalezas, también en ella se da la convergencia entre la carencia y la riqueza desbordante. El sileno es feo, carece de belleza, pero guarda en su interior estatuas de dioses; por fuera, híbrido, ridículo, risible; por dentro, divino, preñado de sentido.

Eros aúna en sí dos aspectos contrarios, al igual que el Sileno, al igual que Sócrates. Esta doble faz introduce una tensión de la que emerge la ironía socrática. Nos topamos con un desdoblamiento que desestabiliza el buen sentido, las buenas costumbres, la seriedad del buen gusto, cualquier lugar confortable. Todo se convierte en atópico, en fuera de lugar, no hay lugar capaz de hacerse cargo de este carácter híbrido que disloca lo cotidiano, haciendo que se trascienda a sí mismo.

En este desdoblamiento, la ironía troca la apariencia en su contrario, hace que se traspongan los significados, que se inviertan los valores. La apariencia muestra un Sócrates feo en busca de jóvenes bellos, un Sócrates que nada sabe en busca de un interlocutor que pueda ilustrarle. Pero esta apariencia es irónica, mordaz, está al acecho, con olfato cazador, es el anzuelo de Sócrates que atrapa a los hombres haciendo que trasciendan la apariencia, abriendo un proceso de revolución interior. Sócrates los atrae hacia el no, los jóvenes se dan cuenta de que carecen de belleza y los interlocutores de que nada saben. Alcibiades advierte en su discurso de este desdoblamiento, de este doble juego socrático:

> Veis, en efecto, que Sócrates está en disposición amorosa con los jóvenes bellos, siempre está en torno suyo y se queda extasiado, y que, por otra parte, ignora todo y nada sabe, al menos en su apariencia. ¿No es esto propio de sileno? Totalmente, pues de ello está revestido por fuera, como un sileno esculpido, más por dentro, una vez abierto, ¿de cuántas templanzas, compañeros de bebida, creéis que está lleno? Sabed que no le importa nada si alguien es bello, sino que lo desprecia como ninguno podría imaginar, ni si es rico, ni si tiene algún otro privilegio de los celebrados por la multitud. Por el

contrario, considera que todas estas posesiones no valen nada y que nosotros no somos nada, os lo aseguro. Pasa toda su vida ironizando y bromeando [εἰρωνευόμενος δὲ καὶ παίζων] con la gente; mas cuando se pone serio y se abre, no sé si alguno ha visto las imágenes de su interior.[6] (*Banquete*, 216d-217)

La ironía socrática bebe en esta especie de doble naturaleza, en una indigencia rica en recursos, en un no que esconde un sí en un nivel distinto. Este nivel distinto se sospecha como espacio de riqueza, de afirmación, de plenitud, que se presenta de antemano como una negación; pero no como una negación cualquiera sino como una negación preñada de sentido, inquietante, porque se sabe que en el fondo es un sí, un sí escurridizo, desbordante, magnético, hechicero; un sí que embruja al hombre iniciando una transformación sin precedentes. El no saber de Sócrates, en su potencia, desnuda al hombre, es capaz de desenmascarar toda afirmación de saber aparente. El interlocutor queda solo, indefenso ante sí mismo. De repente, Sócrates ha desaparecido, «no sea que te pase desapercibido que yo no soy nada» (*Banquete*, 219a), afirma ufano.

3. La soledad tras el desdoblamiento de la ironía

Una enorme soledad se abre ante el hombre, una responsabilidad sin precedentes, una necesidad de dar cuentas ante sí mismo. Sócrates no da nada, él mismo no es nada, salvo un inmenso deseo de belleza, lo quita todo, pero no entrega nada a cambio. Ante ese inmenso deseo, la belleza aparente del hombre atareado, orgulloso de su elocuencia, inmerso en sus negocios, en la gestión de sus riquezas, se desvanece como el humo.

No queda Nada, no había Nada ¿y ahora qué? ... Sócrates no sabe nada, ante la desesperación de su interlocutor, ya herido de muerte por esta víbora socrática, «mordido por algo más doloroso y en la parte más dolorosa de las que uno podría ser mordido —pues es en el corazón, en el alma, o como haya que llamarlo, donde he sido herido y mordido por los discursos filosóficos, que se agarran más cruelmente que una víbora cuando se apoderan de un alma joven» (*Banquete*, 218a-b). Tras la mordedura de Sócrates, a Alcibiades solo le queda la vergüenza (*Banquete* 216b-c). El despertar de la conciencia ha llegado entre ironías y risas; parece que el tema iba en serio, pero ninguna seriedad sería capaz de levantar este poder.

Alcibiades sabe bien de este extraordinario poder que Sócrates despliega tras su ironía: «qué extraordinario poder tiene, pues tened por cierto que ninguno de vosotros le conoce» (*Banquete*, 216c10). No se nos oculta que este poder, esta *dynamis*, es la *dynamis* dialéctica de la que Platón nos habla en *República* 511b4 y ss.. La ironía es la puerta de entrada a la dialéctica socrática. Esta dialéctica no consiste en un puñado de reglas discursivas, ni en un encadenamiento proposicional determinado; no se reduce a la frialdad de la lógica. Su poder se adivina en la ironía. La ironía va al corazón de los hombres, no deja a nadie indiferente; con la ironía, Sócrates no apunta solo a la cabeza sino, fundamentalmente, al corazón, al centro mismo del alma.

La ironía tiene la capacidad de ir al lugar donde el hombre se encuentra cómodamente instalado, acompañado por sus tareas, por sus intereses, por sus orgullos, por sus opiniones y creencias, por las convenciones que le ligan a sus conciudadanos y, en fin, por todas las cosas de esta índole. El hombre cree estar bien acompañado, pertrechado por las celebraciones de una multitud, esas que Sócrates desprecia.

La ironía se abre paso, casi sin quererlo, a través de la barrera del yo[7]; distiende el ambiente, provoca, invita al juego, picotea en el orgullo. No es la mera capacidad racional la que se ve implicada; la ironía implica al hombre entero, sobre todo su corazón, sus pasiones, sus anhelos. La identidad del hombre, todo lo que este cree ser, se ve movilizado.

El hombre, con todo lo que es, ha caído en la trampa. Ya no puede agarrarse a la multitud, a Sócrates le interesa el hombre concreto, en cada caso, su interlocutor es lo único que hay en el mundo. La ironía socrática tiene algo de impudicia, se adentra en el alma del interlocutor, hasta desenmascarar los mecanismos que le mueven. Todos los asideros van cayendo uno a uno, todas las creencias; los orgullos se desinflan. El interlocutor queda en la indigencia, ya para siempre hijo de Eros. En su terrible soledad, con el corazón agitado: «mi corazón palpita mucho más que los poseídos por la música de los coribantes» (*Banquete,* 215d7), dice Alcibiades. El interlocutor busca el sostén de Sócrates, pero Sócrates ha desaparecido, dejando al hombre ante el abismo de sí mismo.

4. Una ironía interrogante: la aporía

Alcibiades, en su elogio insiste en la imposibilidad de comparar a Sócrates, en la imposibilidad de ubicarle en una casilla, en un lugar; insiste en su carácter atópico: «como es este hombre, aquí presente, en originalidad, tanto él personalmente como sus discursos, ni siquiera remotamente se encontrará alguno, por más que se le busque, ni entre los de ahora, ni entre los antiguos» (*Banquete,* 221d). En boca de Sócrates emerge nuevamente esta atopía: «dicen que soy *atopotatos* y que solo invento la aporía» (*Teeteto,* 149a).

El más fuera de lugar, el más extravagante, el más absurdo de los hombres posee un recurso capaz de descentrar, de mover del lugar establecido a cualquiera que se encuentra con él. Ya no hay lugar en el que resguardarse, el que ha sido mordido por «la locura y el frenesí del filósofo» (*Banquete,* 218b3) se encuentra súbitamente, sin esperarlo, sin lugar y sin camino.

La ironía socrática es una ironía interrogante que hunde en la aporía al interlocutor. Da igual dónde comience el camino dialéctico, cuál sea el tema a debatir y los vericuetos por los que Sócrates guíe al desprevenido interlocutor. Para cada cual, el camino comienza en su propio lugar, en aquello que le es, aparentemente, más familiar, donde se siente cómodo y a sus anchas, listo para morder el anzuelo. Sócrates, se acerca al lugar de cada uno, hace uso de la ironía, pregunta, parece que es el interlocutor el que tiene algo que enseñarle. Se encadenan las preguntas, las respuestas, se despliega el juego dialéctico hasta que el interlocutor se da cuenta de que se ha quedado sin lugar, de que está desubicado. Ahora se encuentra en ese fuera de lugar de la aporía, sin nada a lo que agarrarse, no ha perdido un determinado saber teórico, se ha perdido a sí mismo; no sabe ya quién es, ni el significado de los valores que decía defender. Solo le quedan dos opciones: huir y seguir fingiendo o hundirse en el hechizo de Sócrates, atormentado por la duda, buscándose a sí mismo.

Al igual que la naturaleza de la ironía busca morder al hombre en su fuero más íntimo, romper sus barreras; la aporía, que se vehicula a su través, atañe al hombre entero, en la totalidad de su existencia, corroe los cimientos del yo firmemente establecido. En el sentido más propio, es una duda existencial.

No hay, sin embargo, un pesimismo existencial en Sócrates; en el todo es leve, humorístico, juguetón, dionisiaco. Él hace girones los tejidos que protegen la propia identidad como si de una bacanal se tratara, con la disposición de un sileno que baila al ritmo de Dioniso.

Los dolores que provoca la aporía no llevan al pesimismo o al descreimiento, no son improductivos ni gratuitos. Los dolores que suscita la ironía interrogante de Sócrates, más intensos que la picadura de una víbora, son dolores de parto: «Ahora bien, los que tienen relación conmigo experimentan lo mismo que les pasa a las que dan a luz, pues sufren los dolores de parto y se llenan de perplejidades de día y de noche, con lo cual lo pasan mucho peor que ellas. Pero mi arte puede suscitar este dolor y hacer que llegue a su fin» (*Teeteto*, 151a-b).

La aporía acucia al hombre de día y de noche, no hay tregua, no hay lugar. La pregunta de Sócrates no es ya de Sócrates, el interlocutor la ha hecho suya, se ha convertido a sí mismo en un enorme interrogante que hace que sucumba con él el mundo entero.

5. La ironía socrática: ¿una ironía culpable?

A los requerimientos de Alcibiades, que nos decía que Sócrates «pasa toda su vida ironizando [εἰρωνευόμενος] y bromeando con la gente», responde Sócrates «muy irónicamente [μάλα εἰρωνικῶς], según su estilo tan característico y usual» (*Banquete*, 218d7). La ironía impregna de un modo especial este pasaje como si Platón quisiera dejar claro que este es un rasgo irrenunciable del carácter de su maestro. Sócrates ha hecho de esta forma de estar en el mundo un arte, este es su poder y su misión para con los suyos, para con su ciudad.

Podríamos preguntarnos, llegados a este punto, por las intenciones que hay detrás de la ironía, si es una ironía inocente o culpable; si esta víbora socrática finge o su veneno es tan cierto como los dolores que provoca. Sócrates no sabe, esta es la matriz de su ironía, ese es su veneno. El no saber de Sócrates vale más que el saber entero de todos los hombres, tiene más poder, una capacidad de transformación imprevista, sorprendente. No es un no saber idiota sino un no saber capaz de borrar todo saber humano de la faz de la tierra.

Sobre este asunto tenemos dos posturas posibles que describe Festugière (2006: 62): «La ironía socrática no es nuestra ironía sino una forma de preguntar. Ahora bien, hay dos formas de interrogar: está la de quien verdaderamente no sabe y quiere saber, y la del que sabe y, sin embargo, finge ignorar y le hace confesar a otro, que está convencido de que sabe que, en realidad, no sabe nada. Hay una manera inocente y una manera inteligente. Ahora bien, yo creo firmemente que la manera de Sócrates era inocente». Hadot (2008: 26), por su parte, considera que la *eironeia* consistiría en «una actitud psicológica según la cual el individuo busca parecer inferior a lo que es: se desprecia a sí mismo». La ironía socrática no sería inocente sino una máscara, una treta que busca confundir al interlocutor para conducirle a la verdad. El corazón de la ironía tendría que ver con este fingimiento. Hadot (2008: 30, n. 44) se apoya en Apel para describir el mecanismo de la ironía socrática: habría un Sócrates que finge tener algo que aprender del interlocutor, que está dispuesto a recorrer con él el camino dialéctico y un Sócrates que sabe de antemano cómo va a concluir la discusión.

Podemos tomarnos en serio o no el no saber de Sócrates, el corazón de su ironía. Tanto si lo hacemos como si no, llegaremos a la misma conclusión. Si el no saber de Sócrates es inocente ¿cómo tiene tanto poder?, ¿qué hay detrás?; si el no saber de Sócrates no es inocente ¿cuál es el saber que esconde?, ¿por qué calla Sócrates? En ambos casos el no saber socrático emerge en todo su misterio, sobre la mueca irónica de Sócrates.

Aquí nos topamos de lleno con los límites de la comunicabilidad y del lenguaje. El saber de Sócrates, Wielan (1991: 27-37) lo vio como nadie, es más bien una capacidad, un poder, una *dynamis*. Esa *dynamis* dialéctica no consiste en un conjunto de proposiciones que se puedan transmitir, ningún encadenamiento proposicional da cuenta de su naturaleza, ni puede dejarse fijado por escrito. No se trata de que no se pueda hablar de ello, no hay nada de esotérico; se trata de que aquello que, cada vez, es lo fundamental es de una índole distinta. Se trata del hombre, como diría Diógenes el cínico. El que, sumergido en la aporía, se embarca en esta búsqueda de sí tendrá que atravesar un largo proceso de apropiación, tendrá que comprometer su propio yo. Lo que está en juego es la existencia particular de cada cual, de este y este hombre concreto, tanto en la Atenas del siglo V a. C. como ahora.

Con Festugière (2006), creo que el no saber de Sócrates es inocente. Sócrates verdaderamente no sabe nada, ha quedado mudo ante la existencia; sumergido en el inmenso mar de la belleza del que habla la extranjera de Mantinea. Sócrates tiene en su paladar el sabor intenso de esa belleza que le ha mostrado la banalidad de todo saber aprendido a modo de discurso, la futilidad del orgullo humano y la indigencia en la que viven los hombres. Sócrates sabe del límite. Nada tiene, nada es, salvo el inmenso deseo por aquella belleza; nada sabe pero es rico en recursos y nunca yerra el tiro.

6. Conclusión: el carácter erótico de la ironía.

Tras la caracterización de Eros y la escala de la belleza que presenta Diotima, llega el elogio de Sócrates. Allí hace mella la ironía; el elogio de Alcibiades insiste en la ironía de Sócrates, el mismo elogio no carece de ironía. Este recurso, como hemos visto, es poderoso, incisivo, capaz de dejar al hombre desvalido, sumergido en la aporía. Sócrates va por ahí ironizando, dejando a los hombres avergonzados; como afirma Jankelevitch (1964: 13), Sócrates es un aguafiestas.

La ironía socrática sería una broma de mal gusto si este fuera su fin último. Si esta consistiese en enredar a los hombres para dejarlos perdidos en el tormento de la duda, sería una ironía angustiante y pesada. Sin embargo, nada hay más leve, más danzarín, más humorístico, que la ironía de Sócrates. A Sócrates no le está permitido albergar malas intenciones, aunque no todos lo crean:

> Pues, mi admirado amigo, hasta tal punto se ha enfadado mucha gente conmigo que les ha faltado poco para morderme, en cuanto los he desposeído de cualquier tontería. No creen que hago esto con buena voluntad, ya que están lejos de saber que no hay dios que albergue mala intención respecto de los hombres. Les pasa desapercibido que yo no puedo hacer una cosa así con mala intención y que no se me permite ser indulgente con lo falso ni oscurecer lo verdadero.[8] (*Teeteto*, 151c5-d3)

Sócrates no tiene malas intenciones. Tras la ironía no encontramos rencor, ni odio hacia los hombres henchidos de orgullo. Tras la ironía, el *Banquete* lo muestra como ningún otro diálogo, encontramos a Eros, a un Sócrates indigente y enamorado de la belleza. El amor de Sócrates no se va por las ramas, ni se pierde en mundos lejanos. Es verdad que Sócrates está enamorado de los jóvenes bellos pero no más que de los viejos. Sócrates está enamorado de la belleza del rostro de cada cual cuando cae la mentira y el hombre, atormentado por el deseo de lo que le falta, se dispone a buscarse a sí mismo. Sócrates ama a cada uno de sus interlocutores más y mejor de lo que se aman ellos a sí mismos. La ironía socrática es el afilado colmillo de Eros, más doloroso que el de una víbora, capaz de liberar al hombre de las estrechas barreras del individuo y convertirle para siempre en un amante de Eros con el corazón palpitante.

Notas

1 La significación de esta refutación conjunta es resaltada por Laborderie (1978: 429).

2 Todas las traducciones de los textos de Platón han sido tomadas de la edición de los *Diálogos* de la Editorial Gredos. La traducción del *Banquete* es de M. Martínez Hernández y la del *Teeteto*, en cambio, de A. Vallejo Campos.

3 Ἐγὼ μὲν γὰρ ὑπ' ἀβελτερίας ᾤμην δεῖν τἀληθῆ λέγειν περὶ ἑκάστου τοῦ ἐγκωμιαζομένου [...] καὶ πάνυ δὴ μέγα ἐφρόνουν ὡς εὖ ἐρῶν, ὡς εἰδὼς τὴν ἀλήθειαν τοῦ ἐπαινεῖν ὁτιοῦν. τὸ δὲ ἄρα, ὡς ἔοικεν, οὐ τοῦτο ἦν τὸ καλῶς ἐπαινεῖν ὁτιοῦν, ἀλλὰ τὸ ὡς μέγιστα ἀνατιθέναι τῷ πράγματι καὶ ὡς κάλλιστα, ἐάν τε ᾖ οὕτως ἔχοντα ἐάν τε μή· εἰ δὲ ψευδῆ, οὐδὲν ἄρ' ἦν πρᾶγμα.

4 Sobre esta cuestión véase el análisis de Jaeger (1933: 578).

5 En su *Elogio a Eros*, Hadot (2008:11-12) llama la atención sobre el hecho de que, si bien todo elogio tiende a la enumeración de cualidades admirables, con Sócrates no ocurre lo mismo. Incluso el Sócrates idealizado por Platón y Jenofonte se descubre como una figura desconcertante, inquietante.

6 Ὁρᾶτε γὰρ ὅτι Σωκράτης ἐρωτικῶς διάκειται τῶν καλῶν καὶ ἀεὶ περὶ τούτους ἐστὶ καὶ ἐκπέπληκται, καὶ αὖ ἀγνοεῖ πάντα καὶ οὐδὲν οἶδεν. ὡς τὸ σχῆμα αὐτοῦ τοῦτο οὐ σιληνῶδες; σφόδρα γε. τοῦτο γὰρ οὗτος ἔξωθεν περιβέβληται, ὥσπερ ὁ γεγλυμμένος σιληνός· ἔνδοθεν δὲ ἀνοιχθεὶς πόσης οἴεσθε γέμει, ὦ ἄνδρες συμπόται, σωφροσύνης; ἴστε ὅτι οὔτε εἴ τις καλός ἐστι

μέλει αὐτῷ οὐδέν, ἀλλὰ καταφρονεῖ τοσοῦτον ὅσον οὐδ' ἂν εἷς οἰηθείη, οὔτ' εἴ τις πλούσιος, οὔτ' εἰ ἄλλην τινὰ τιμὴν ἔχων τῶν ὑπὸ πλήθους μακαριζομένων· ἡγεῖται δὲ πάντα ταῦτα τὰ κτήματα οὐδενὸς ἄξια καὶ ἡμᾶς οὐδὲν εἶναι —λέγω ὑμῖν— εἰρωνευόμενος δὲ καὶ παίζων πάντα τὸν βίον πρὸς τοὺς ἀνθρώπους διατελεῖ. σπουδάσαντος δὲ αὐτοῦ καὶ ἀνοιχθέντος οὐκ οἶδα εἴ τις ἑώρακεν τὰ ἐντὸς ἀγάλματα.

7 Sobre esta cuestión véase el artículo ya clásico de Schaeder (1941: 181-183).

8 Πολλοὶ γὰρ ἤδη, ὦ θαυμάσιε, πρός με οὕτω διετέθησαν, ὥστε ἀτεχνῶς δάκνειν ἕτοιμοι εἶναι, ἐπειδάν τινα λῆρον αὐτῶν ἀφαιρῶμαι, καὶ οὐκ οἴονταί με εὐνοίᾳ τοῦτο ποιεῖν, πόρρω ὄντες τοῦ εἰδέναι ὅτι οὐδεὶς θεὸς δύσνους ἀνθρώποις, οὐδ' ἐγὼ δυσνοίᾳ τοιοῦτον οὐδὲν δρῶ, ἀλλά μοι ψεῦδός τε συγχωρῆσαι καὶ ἀληθὲς ἀφανίσαι οὐδαμῶς θέμις.

Referencias bibliográficas

FESTUGIÈRE, A., *Sócrates*, trad. castellana de J. M. Barinaga, San Esteban: Salamanca 2006 (1ª ed. francesa 1961).

FRIEDLÄNDER, P., *Platón. Verdad del ser y de la vida*, Tecnos: Madrid 1989 (1ª ed. en alemán 1964).

HADOT, P., *Elogio a Sócrates*, trad. castellana de A. Millán, Paidós: Barcelona 2008 (1ª ed. francesa 1998).

JAEGER, W., *Paideia: los ideales de la cultura* griega, trad. castellana de J. Xirau y W. Roces, F.C.E.: Madrid 1993, 12ª edición (1ª ed. en alemán 1933).

JANKELEVITCH, W., *La ironía*, Taurus: Madrid, 1983 (1ª ed. francesa, 1964).

SCHAEDER, R., «Le mécanisme de l'ironie dans ses rapports avec la dialectique», *Revue de Méthaphysique et de Morale*, 3, 1941, pp.181-209.

WIELAND, W., «La crítica de Platón a la escritura y los límites de la comunicabilidad», *Methexis*, 4, 1991, pp. 30-31.

IX. Sócrates infiltrado: ironía y juego etimológico como estrategias refutatorias en el «Crátilo» de Platón*

Daniel Salgueiro Martín

1. Introducción

Probablemente el calificativo más atribuido al *Crátilo* sea el de *enigmático*. Las sombras que pesan sobre los personajes y el papel de la etimología en época clásica han entorpecido su interpretación, aunque quizá lo más difícil sea explicarlo en su conjunto y resolver la ambigüedad de opiniones con que Sócrates empaña el texto en sus conclusiones sobre la disputa lingüística (435c). De sus solas intervenciones, no acaba de sacarse en claro si Platón refuta tanto el convencionalismo de Hermógenes como el naturalismo de Crátilo o termina por aceptarlos a partes iguales, reconociendo la validez parcial de ambas posiciones. A ello hay que añadirle otro obstáculo que produce un cierto vértigo en el lector hodierno: la llamada sección etimológica. Este pasaje, que ocupa el núcleo central del *Crátilo* (391a-421c), llegando a dilatarse durante más de la mitad del

---

* Este capítulo de libro forma parte de los resultados de investigación del Grupo de Investigación reconocido por la Generalitat de Catalunya *Eidos: Platonisme i Modernitat* (2017 SGR 584).

texto, ha sido objeto de disputa y desdén a lo largo de la trayectoria exegética platónica. Aunque las más de las veces desconozcamos el blanco de la sátira que rebosa el embate etimológico, su ironía, en acorde con algunas de las conclusiones finales, quizá pueda iluminar, al margen de la indefinición socrática, la dirección que estarían tomando los pasos de Platón.

A lo largo de este escrito, nos proponemos resaltar aquellos puntos del pasaje que arrojen un rayo de luz a la intención del humorismo socrático-platónico, sin querer con ello zanjar la cuestión ni obviar las sombras que no podremos iluminar. Por ello, empezaremos subrayando el carácter esencialmente capcioso de la argumentación socrática para pasar enseguida al análisis del humor en las secciones etimológica y mimética. Finalmente, nos ocuparemos de al menos una posible intención del diálogo que, a nuestro parecer, nos es dada a conocer si tomamos en cuenta todas las facetas y elementos de la argumentación filosófica y añadimos el peso de la ironía a la balanza que las meras palabras de Sócrates no siempre parecen decantar.

2. De camino a la etimología: infiltración y engaño

Cuando se termina con la crítica al convencionalismo de Hermógenes[1], se inicia lo que aparenta ser una defensa del naturalismo, que constituye a su vez una construcción teórica de éste, ya que Crátilo, encerrado en su silencio, ni siquiera ha expuesto por boca propia su tesis. Es, pues, Sócrates quien toma la iniciativa y diseña una teoría que especifica cómo se concreta el vínculo entre el nombre y la cosa, contando siempre con la ayuda de un Hermógenes ya anonadado que se limita a asentir. Crátilo, personaje taciturno, otorga callando durante la mayor parte del diálogo y sólo interviene al final de éste, a expensas de Sócrates, dando por bueno todo lo que se ha dicho (428c) y cayendo de bruces en la red que su interlocutor le ha ido tejiendo pacientemente. Es así como, paso a paso, el naturalismo cobra forma al antojo de un Sócrates infiltrado en sus trincheras, cuya batería de argumentos, conduce indefectiblemente hacia el colapso final de la etimología y la teoría del lenguaje mimético, última y definitiva celada de la tesis de Crátilo. Para cuando él se determine a participar, su propuesta ya habrá sido liquidada sin que ni siquiera se percate.

Si recorremos hacia atrás los pasos de la argumentación socrática, vemos cómo la primera aproximación hacia el naturalismo se produce en la discusión sobre la naturaleza del nombre (387a-390b), donde éste es definido como instrumento de funciones deícticas y didascálicas (διδασκαλικόν τί ἐστιν ὄργανον καὶ διακριτικὸν)[2], forjado por un curioso artesano llamado νομοθέτης[3]. Dicho de otra manera, todo nombre que se precie debe mostrar la cosa denominada explicándola, de tal modo que a través de él los objetos se perfilen y destaquen[4] en la amalgama confusa de la realidad a la vez que se facilite el acceso al conocimiento de su esencia (οὐσία). La analogía nombre-instrumento, verdadera piedra angular del naturalismo, justificará la posterior retahíla de etimologías, cuya función consiste en concretar de qué modo las palabras justas manifiestan la naturaleza de los elementos que designan, esto es, cómo encajan con ellos. A partir de este punto, la trampa está ya prácticamente tendida.

3. La sección etimológica: ironía y performance

La larga tirada de etimologías que rebosa en el corazón del diálogo (397d-427d) es probablemente uno de los principales motivos por los que el *Crátilo* ha merecido los apelativos de misterioso y oscuro. La sola prolijidad del pasaje, sin ir más lejos, puede antojársele algo fatigosa al lector hodierno y, como el catálogo de las naves en la *Ilíada* o las largas genealogías bíblicas, evidencia la distancia literaria que nos separa de los antiguos[5]. Aun así, al margen de la extrañeza que pueda producir hoy este punto central del diálogo, se hace difícil negar su vertiente humorística, que aquí nos proponemos analizar en su conjunto, sin poder, desafortunadamente, tratar todas y cada una de sus partes.

Empecemos recalcando que Sócrates adopta una actitud distinta a la del inicio del diálogo a partir del momento en que propone a Hermógenes tantear un nuevo método de investigación para indagar en qué consiste la rectitud de los nombres (391b). La ironía entra en juego justo entonces, cuando, haciendo un guiño a la centralidad de la palabra ὀρθότης[6], alude a los sofistas diciendo que «la más correcta investigación» [ὀρθοτάτη ... τῆς σκέψεως[7]] consiste en seguirlos y pagarles. Invita entonces a su interlocutor a escuchar de su hermanastro Calias todo lo que éste ha aprendido de Protágoras. Tras la negativa de Hermógenes a aceptar cualquier «verdad» que venga del sofista [τὴν μέν Ἀλήθειαν τὴν τοῦ Πρωταγόρου], Sócrates le recomienda aprender de Homero y los otros poetas.

El bloque de texto que sigue (391a-396d) preludia lo que ha de venir poco después, una verdadera *performance* en la que Sócrates etimologiza con un tono completamente distinto al dialógico en busca de una verdad agazapada tras la forma de los nombres. Por el momento, se limita a perseguir la corrección onomástica a través de distintos personajes de doble apelativo que aparecen en la literatura homérica, discutiendo con Hermógenes cuál sería el más correcto de sus dos nombres. Es aquí, por consiguiente, donde se desvela por primera vez en el texto de qué modo las palabras[8] deben ajustarse a las cosas: mediante la paráfrasis de su verdadera naturaleza, como si de nombres parlantes se tratara. De hecho, en este tanteo inicial, la mayoría de nombres de los que Sócrates se sirve son propios, sean de dioses o de héroes, lo cual recuerda a ciertas etimologías de regusto popular presentes en la tragedia[9]. En el fenómeno del nombre parlante griego, parece subyacer el origen de lo que podríamos llamar pensamiento etimológico, que anticipa en buena medida el naturalismo extremo de Crátilo.

Este primer simulacro del método contiene ya dos advertencias a su posible arbitrariedad (393b, c) que deben alertarnos de la inflexión que se está produciendo en el texto[10]. Al terminar, Sócrates menciona una cierta sabiduría de virtudes inciertas que acaba de sobrevenirle (396c) y el propio Hermógenes tilda de oracular e inspirada su prédica. De aquí en adelante el de Alopece parece adoptar un papel y un tono que le son extraños y el discurso modula hacia una tesitura del todo distinta de la del resto del diálogo, mucho más cercana a la exposición dogmática que a la mayéutica. El color clarividente del texto se acrecienta con la referencia (más que irónica) a la inspiración que le llega de Eutifrón, quien no sólo le ha «llenado las orejas de divina sabiduría», sino que también le «ha cautivado el alma», frase que anuncia el inicio de lo que será una extensa parodia de las operaciones pseudofilosóficas que pueden llevarse a cabo a través de la etimología.

Este pasaje preliminar prosigue advirtiendo de la provisionalidad de la empresa, cuestión que de nuevo debe poner en guardia al lector:

> Creo, pues, que deberíamos obrar así: hoy podemos servirnos de ella [*i.e.* «de la divina sabiduría» antes mencionada] y analizar los nombres que nos quedan, pero mañana, si también vosotros estáis de acuerdo, la conjuraremos y nos purificaremos, después que hayamos descubierto a alguien hábil en este tipo de purificaciones, ya sea un sacerdote ya un sofista[11] (396e).

Así pues, Sócrates parece insistir en la digresión estilística asimilando su tarea indistintamente a la de sacerdotes y sofistas. Los verbos ἀποδιοπομπέομαι y καθαρῶ, ambos propios de rituales de purificación, evocan el tono religioso que, impostando un naturalismo *sui generis*, Sócrates se dispone a adoptar. De aquí en adelante da rienda suelta a su inventiva y las bromas se suceden alternándose con nuevas menciones, más o menos veladas, a la labilidad de la operación, dispuestas como faros en la oscuridad para que el lector no yerre sus pasos (cf. 402e, 409e, 413a, 413d, 414b). La guasa sigue justo después, adoptando ahora los tintes efesios que pasarán a ser el trasfondo del naturalismo. Sócrates decide dejar a un lado las etimologías relativas a los hombres y héroes, que pueden inducir a engaño, puesto que éstos a menudo conservan el nombre de un antepasado o simplemente expresan un deseo. Visto, además, que los nombres propios definen algo o alguien concreto y cambiante, se hace necesario iniciar la búsqueda de nombres bien construidos entre cosas que son siempre y por naturaleza [τὰ ἀεὶ ὄντα καὶ πεφυκότα]. Sin que Hermógenes lo perciba, el foco del diálogo se desplaza aquí a un ámbito ontológico estable contra el que se estrellará la imposible combinación de naturalismo y doctrina del flujo que Sócrates ha forjado con el tácito beneplácito de Crátilo.

Resulta de lo más divertido que, nada más proponer el análisis de nombres de cosas estables, Sócrates se lance a desplegar una infinitud de etimologías que hacen referencia al movimiento y el cambio en que se encuentran los distintos elementos de la realidad, empezando por los dioses [θεοί] llamados así por el correr [θεῖν] que caracteriza a los astros, la tierra y los cielos, que los antiguos griegos adoraban exclusivamente (397d). La broma es retomada algo después (400d), cuando se analizan uno a uno los nombres de los distintos dioses a la luz de la doctrina de Heráclito. Así, por ejemplo, Ἑστία [Hestia] es asociada, a través de ὠσία (término dórico para οὐσία), con el participio τὸ ὠθοῦν [lo que impulsa] (401c); Ῥέα [Rea] con ῥεῦμα [corriente] y el verbo ῥεῖν [fluir] (402b); Κρόνος [Cronos] con χωρεῖ νοῦς [la inteligencia corre] (402b)[12]. Las etimologías que describen algún tipo de movimiento no son las únicas que se pueden encontrar en el pasaje[13], pero abundan y reaparecen a lo largo de la exhibición socrática[14]. En vistas a reforzar su tesis, Sócrates las hace concordar con diversas citas poéticas, todas ellas interpretadas como si transmitieran el mensaje de Heráclito (o la interpretación platónica de éste), tres de cuyos fragmentos son citados entre 401d y 402c. La misma enseñanza es atribuida también a Homero (que en *Ilíada XIV* 201 considera a Océano, en su eterno movimiento, padre de los dioses), a Hesíodo, que no es citado aquí, aunque sí dos veces bajo otros pretextos (cf. 398a, 428a), y a Orfeo[15], a quien de nuevo se atribuye la teogonía homérica en dos hexámetros que no han sido localizados en ningún otro lugar de la literatura griega.

Así, pues, Sócrates opera a ratos a la manera de un alegorista[16] que escudriña la vieja poesía en busca de una sabiduría oculta de carácter ontológico que dé fe de la manera en que la existencia está dispuesta. Este tono de aires proféticos, que ya Hermógenes había notado al inicio del giro socrático, aparece, en ciertos momentos, asociado a Eutifrón[17], que es mencionado de manera claramente irónica hasta en cinco ocasiones a lo largo de la parte etimológica (396d, 399a, 400a, 407d, 409d). Esto no significa que él sea precisamente el único blanco de la parodia, como evidencia, por ejemplo, la presencia del heraclitismo en el texto, pero parece sensato pensar que ciertas figuras culturales que usarían la etimología como medio de acceso a la divinidad o a una verdad oculta podrían estar detrás de ello. Las repetidas alusiones irónicas a la inspiración y la sabiduría que de repente posee Sócrates[18] (399 a, 410e, 413a), quien tiende por lo general a declararse ignorante, no parecen sino apuntar en la misma dirección.

En cuanto a la sombra de Heráclito, es importante resaltar que seguirá apareciendo de manera constante a lo largo del paso, hasta el punto de llegar a constituir casi el leitmotiv que dota de cohesión a la sección. Al final de la misma, su presencia entre las etimologías de conceptos de orden lógico, moral y metafísico[19] (411a- 421c) eleva la ironía a la categoría de disparate absoluto y evidencia todavía más la contradicción constitutiva de la tesis de Crátilo, que cree poder apresar mediante las palabras una realidad cambiante y hacer que nombres y entes se correspondan sin mediación simbólica alguna[20].

A esto hay que sumarle una broma mucho más directa al respecto del movimiento (411b) con la que Sócrates ridiculiza del todo la tarea del νομοθέτης, el forjador de nombres que parece estar emulando, junto con la de unos «sabios actuales» tras los que podemos vislumbrar distintos operadores culturales que se habrían servido de la etimología[21].

El heraclitismo de fondo, desvelado a través de mecanismos propios del alegorista, aparece combinado a la par con algunos dardos contra la sofística que colman igualmente el texto de humorismo y desacreditan la tarea etimológica. A modo de ejemplo, el mismísimo Hades (cuyo nombre proviene, según Sócrates, de πάντα τὰ καλὰ εἰδέναι[22] (404b): «saber todo lo bello») es tildado de sofista (403e), ya que retiene y seduce con sus hermosos discursos a aquellos que con él conviven en el inframundo. Más significativa aún es la referencia a Hermes (407e), cuyo nombre es relativo al discurso, ya que es intérprete [ἑρμηνεύς] y mensajero de los dioses y a la vez ladrón y engañoso en palabras. Al parecer, el legislador [νομοθέτης] le otorgó este nombre por su afección al λόγος, ya que hablar [λέγειν] es lo mismo que decir [εἴρειν]. Por ello, fue llamado Εἰρέμης (proveniente de τὸ εἴρειν ἐμήσατο: «imaginó el decir»), pero los hombres han alterado su nombre (408b).

Sócrates insinúa así el carácter imaginativo y falaz de la operación que está llevando a cabo, que se descubre de manera aún más explícita justo después (408c), entre las aclaraciones a la etimología del dios Πάν, hijo de Hermes y heredero de la doble naturaleza discursiva de su padre, es decir, del uso verdadero que hace del discurso, en tanto que mensajero de los dioses, y del falaz, en tanto que ladrón, comerciante y engañoso en palabras [ὁ ἀπατηλός ἐν λόγοις], como antes se ha recalcado (408a). El dios caprino sirve ahora de excusa para recordarle a Hermógenes que el λόγος es siempre dudoso: «¿No sabes que el λόγος lo significa todo [τὸ πᾶν] y gira y siempre da vueltas, y es doble, verdadero y falso?». La mención a la idiosincrasia resbaladiza del λόγος, que engloba todo aquello que se dice [λέγειν], vierte tanta incertidumbre sobre el discurso de Sócrates como sobre los nombres que están siendo analizados, en tanto que partes constituyentes de éste.

En resumen, puede decirse que estos últimos guiños a la cultura sofística suman todavía más eclecticismo a un pasaje ya de por sí abigarrado y denso de erudición y tradiciones filosófico-culturales diversas, produciendo con ello (y, por supuesto, con su alusión a la fragilidad del discurso humano) una sensación de absoluta incoherencia teórica en el lector atento. Esta misma asistematicidad se ve reforzada por la abundante presencia de etimologías dobles y triples (que aquí no nos podemos detener a analizar) y la variedad de mecanismos (paranomasia, asonancia, descomposición sintáctica, etc.) que dan origen a cada una de ellas (Aronadio 1996: 163, n. 90). De este modo, vemos cómo la farsa irónica de Sócrates y la diatriba velada se funden a lo largo del pasaje con una cierta incoherencia vertiginosa, uniendo fuerzas para derrocar de manera definitiva esta filosofía de fusión cratiliana y cuestionando el tipo de instrumento que constituyen los nombres.

Pero no sólo la ironía y la carencia de rigor teórico ponen en jaque el propio método etimológico a través de las etimologías que aparecen en el diálogo. Como hemos mencionado antes, hay también en el texto una reiterada serie de advertencias más o menos directas a la fragilidad de esta tarea exegética y algunas prevenciones de engaño[23] (393b, d, 413d) que, aunque resulten vanas con Hermógenes, deberían llamar la atención del lector. Es, en definitiva, la combinación de las advertencias, la sátira y el desatino lo que resquebraja desde dentro el naturalismo.

3.1. La mimesis del lenguaje (421d-435d)

El método etimológico parece conducir de manera indefectible al descubrimiento de los nombres primeros, es decir, a las palabras mínimas portadoras de significado (no se trata exactamente de lexemas, puesto que Platón no distingue entre raíces y morfemas) que no pueden ser remitidas a ningún otro nombre y, por lo tanto, escapan de toda tentativa de etimologización. Este intento desesperado de rescatar el naturalismo ha llamado la atención de muchos autores tanto por el nivel de desarrollo fonético de la teoría lingüística que Platón bosqueja aquí como por la fuerza expresiva con que se plantea la posibilidad de un lenguaje ideal que reproduzca la realidad al menos con la misma fidelidad imitativa de la pintura[24] o la música[25], metáforas del lenguaje hablado y el escrito (Domínguez 2002: 127, n. 138).

El estilo delirante de la sección etimológica parece distenderse un momento en la introducción al nuevo método, pero pronto Hermógenes trae de nuevo a colación la sabiduría de Eutifrón, y Sócrates termina usando un tono expositivo parecido al de las etimologías (426b-427d). Es sumamente relevante señalar que su exposición de las distintas cualidades que se atribuyen a cada fonema aparece precedida por dos explicitaciones de lo ridículo [γελοῖον] que se le antoja el método fonosimbolista[26], cosa que pone en entredicho todo lo anteriormente analizado. Si hay aquí un ápice de ironía se percibe sólo en el contraste que producen la firmeza (únicamente inicial) con que se relacionan los sonidos a sus propiedades evocativas y la inseguridad de Sócrates respecto al método, manifiesta en otro momento concreto[27].

La incoherencia teórica irrumpe también aquí, puesta ya de manera explícita en boca de Sócrates, cuando Crátilo toma parte en la discusión. La concatenación contradictoria de sonidos que constituyen algunas palabras como σκληρότης (donde la dureza que la *ro* y la *sigma* evocan se opone a la blandura de la lambda) aparece sumada a la posibilidad de etimologizar léxico referente a los defectos morales (ἁμαρτία, ξυμφορά, ἀμαθία, ἀκολασία) bajo el mismo prisma heraclíteo con que las virtudes se analizaban (437b-437d), terminando así por desacreditar tanto el método fonosimbolista como el etimológico, que depende de él, y dando alas a la concepción convencionalista.

Zanjada la cuestión naturalista y agotadas todas sus vías, el diálogo desplaza su eje hacia las problemáticas de índole epistemológica que han estado como trasfondo desde que Sócrates ha señalado la capacidad que tienen los nombres de transmitir conocimiento sobre la realidad. El colapso distendido que han sufrido naturalismo y heraclitismo no tienen vuelta atrás, por más que Sócrates concluya con un pequeño ápice de duda («quizá estén así las cosas, Crátilo, y quizá no» (440d)) tras discutir la imposibilidad de conocer en un mundo en movimiento y el oscuro discípulo de Heráclito se despida diciendo que habrá que seguir pensando en ello.

4. Conclusión

Hemos visto hasta aquí de qué modo Sócrates actúa en el *Crátilo* como ejecutor de la ironía platónica, que tiene por objetivo rebatir la tesis cratiliana a través de la parodia de ciertos saberes pretenciosos que podrían cultivar el método etimológico con miras a desvelar aspectos y verdades ocultas de la realidad. Es cierto que a menudo no podemos rastrear el origen de ciertas etimologías hasta dar con el objeto de la burla platónica y, por lo general, no nos es dado descubrir de qué operadores culturales exactamente se está burlando aquí Sócrates. Las reminiscencias presocráticas (especialmente heraclíteas) se alternan con ecos sofísticos e interpretaciones alegoristas en una mezcla de arcaísmo y vanguardia para nosotros desgraciadamente inextricable[28]. Son numerosas las referencias (con)textuales de las que carecemos y, al margen de la toma de consciencia lingüística que supone la sofística, no terminamos de saber qué concepciones sobre el lenguaje podrían circular en el seno de la *polis* ateniense y el pensamiento griego de los siglos V y IV. Cuando el λόγος σωκρατικός platónico, que con tanta sutileza sabe aunar universalidad y localismo, queda extirpado de su entorno inmediato, algunas alusiones quedan ensordecidas para siempre. El *Crátilo* constituye tal vez uno de los casos paradigmáticos de opacidad con los que nos vemos obligados a convivir, pero eso no significa que el mensaje platónico que el lector puede inferir de la chanza socrática quede del todo velado.

Como ya hemos comentado, recientemente algunos autores han defendido la validez exegética del método etimológico en la jerarquía epistemológica platónica, en la que ocuparía un escalón más bien bajo en el que sólo se darían tenues atisbos de conocimiento. Esta tesis, defendida principalmente por Sedley (2003), se fundamenta en el hecho de que la etimología gozaba en la antigüedad de una legitimidad filosófica que, aunque hoy violente nuestro sentido común, no debemos obviar. Y añade, para ilustrarlo mejor, que ni Hermógenes ni ningún comentarista antiguo percibe un ápice de ironía en lo que para nosotros es un desbarre sin parangón. Lo cierto es que su aportación nos hace tomar consciencia de la distancia que nos separa de tradición platónica que nos precede, pero eso no justifica que ni siquiera los comentaristas más antiguos estén realmente más cerca de entender a Platón de lo que nosotros lo estamos (cf. Trabattoni 2006: 1068).

La ironía socrática tiene por objetivo desarmar la analogía ὄνομα-ὄργανον (en tanto que instrumento con capacidades epistemológicas) de donde el naturalismo emana y reflexionar, al mismo tiempo, acerca del carácter simbólico del lenguaje en su conjunto[29]. Las conclusiones finales (435c-440e), de alto voltaje epistemológico, parecen apuntar hacia la condición mediada y proposicional del conocimiento humano. Se bosqueja así la cesura entre esferas epistemológicas separadas, que había sido ya vagamente insinuada bastante al comienzo de la sección etimológica, con el debido revestimiento religioso que el contexto exige:

> ¡Por Zeus, Hermógenes! Si fuéramos sensatos, sí que tendríamos un único procedimiento [τρόπος[30]], el mejor: que no sabemos nada sobre los dioses, ni sobre ellos ni sobre los nombres que se dan a sí mismos.

Pues es evidente que ellos se llaman con los verdaderos [τὰληθῆ]. Pero una segunda forma de exactitud [τρόπος ὀρθότητος] sería, así como acostumbramos a invocarlos en las plegarias, «que les diéramos el nombre que les agrada, cualquiera que éste sea y de donde venga[31]», puesto que no sabemos nada más (400e).

Con estos términos, Sócrates parece describir dos ámbitos de conocimiento lingüístico distintos, en este caso referidos al nombre, pero acaso extrapolables también al discurso y la realidad. La diferencia la marca el fuerte contraste que se produce entre los términos ἀλήθεια y ὀρθότης, donde la primera describiría el reino impenetrable de la verdad divina y la segunda los estrechos y sombríos dominios del conocimiento humano. La discusión ha basculado hacia estos dos espacios epistemológicos incomunicados desde que Sócrates ha relegado a un segundo plano la dicotomía inicial entre φύσις y νόμος (387a), para introducir la tensión que relaciona la δόξα con la naturaleza (representada por los términos φύσις y οὐσία, que parecen intercambiables en muchos puntos del texto) con la intención de mostrar las repercusiones que la discusión acerca del nombre tiene sobre el conocimiento humano.

Así pues, concluimos que, en buena medida mediante el humor, Sócrates ha puesto de manifiesto que cualquier correspondencia inmediata (i.e. natural) entre el ser y el lenguaje (el siempre voluble λόγος parece abarcar también este significado) resulta imposible, ya que éste último se limita a parafrasear la realidad con la vaga fidelidad de la que es capaz la ὀρθότης, sin poder alcanzar la vastedad de la ἀλήθεια. La apuesta irónica por el naturalismo constituye, además de un mecanismo de reflexión sobre la naturaleza instrumental del lenguaje, la apertura a un problema subyacente.

Notas

1 En las últimas décadas algunos autores (Rijlaarsdam 1978: 105-106; Barney 2001: 30-35; Ademollo 2011: 73-75) han postulado que la tesis de Hermógenes ha tendido a ser siempre mal interpretada, puesto que tan solo defiende la arbitrariedad en el momento augural de la palabra, de su cuño, y nunca en el momento de su uso posterior. Este malentendido se debe al uso ambiguo del verbo griego ὀνομάζω, que puede referir tanto el acto de imposición de un nombre como el hecho de nombrarlo a posteriori. Hermógenes, sin embargo, parece evitar el término ὀνομάζειν para designar el bautizo y se decanta por términos como θέσις o μετατίθημι, no solo en la exposición de su postura (384c-e), sino también en los pasajes en que Sócrates examina su posición (385a-386e). En consecuencia, estaría argumentando a favor de la legitimad lingüística de un bautizo nominal personal y caprichoso, pero no defiende en ningún caso el uso de idiolectos. Además, Hermógenes se desvincula explícitamente del subjetivismo protagóreo, cosa que complica las acusaciones de relativista extremo que la escuela anglosajona tradicionalmente le ha atribuido. Véanse *v.g.* Kretzmann (1971); MacKenzie (1986).

2 «El nombre es un instrumento para enseñar y distinguir la esencia...» [Ὄνομα ἄρα διδασκαλικόν τί ἐστιν ὄργανον καὶ διακριτικὸν τῆς οὐσίας...] (388c).

3 Éste es el artífice del lenguaje capaz de crear nombres correctos a la manera de un artesano que domina una τέχνη. La importancia de este nuevo sujeto que de repente entra en juego reside en definir todavía con mayor exactitud el naturalismo socrático, que no niega en ningún caso la posibilidad de un origen humano del lenguaje, sino la acuñación arbitraria de palabras que no armonicen con la idiosincrasia de las cosas. Esta figura será contrastada con la del dialéctico, el encargado de juzgar los nombres.

4 Nótese cómo la comparación con el κερκίς es de lo más acertada. Este instrumento textil, parecido a una vara o un alfiler de tamaño considerable, sirve para separar los hilos de una trama antes de pasarle la lanzadera, del mismo modo que el nombre debe distinguir y desgajar los objetos de la realidad. Acerca de la cuestión véase Ademollo (2011: 108-109).

5 Barney (2001: 69-73) ha propuesto explicar la exhaustividad de la sección etimológica señalando que la operación que aquí Sócrates lleva a cabo pertenece al género literario agonal, presente en otros puntos de la literatura platónica como el primer discurso socrático del *Fedro* o la interpretación del poema de Simónides en el *Protágoras*. Según su tesis, Sócrates estaría intentando aquí demostrar su habilidad para etimologizar cualquier cosa, compitiendo con la tradición poético-exegética precedente. Tanto su supuesta inspiración como la forma de catálogo en que se presentan las etimologías responderían a este género literario de gusto poético con que Barney justifica la extensión del paso, más que no a un objetivo

estrictamente crítico y paródico. Baxter (1992: 86-87, 96-98, 106-107), por el contrario, pone más énfasis en el aspecto paródico y sí considera que Platón está combatiendo contra una inmensa tradición poético-religiosa que lo precede con sus propios mecanismos. La extensión del pasaje tendría su explicación en la magnitud de esa tradición.

6 Recordamos que el tema de discusión con el que se abre el diálogo es la exactitud del nombre [ὀρθότης ὀνόματος].

7 Es curioso que el segundo término del superlativo ὀρθοτάτη aparezca en singular, cuando debiera ser un genitivo partitivo plural. Quizá pueda deberse a una atracción del número por parte del adjetivo.

8 De todos modos, desde inicio del diálogo (383b) puede intuirse que la etimología tendría un papel en el naturalismo. Aquí Hermógenes cuenta como Crátilo niega que su nombre pueda ser considerado etimológicamente, puesto que este personaje no es «de la raza de Hermes», en tanto que no posee riquezas ni es ducho en discursos (Hermes es dios del comercio y la elocuencia).

9 Ademollo (2011: 34-35) recoge todas las citaciones de la tragedia ática en que se puede entrever una noción incipiente y vaga de la tesis naturalista. Ya en la tradición épica encontramos el mismo fenómeno, v.g. en el nombre de Tersites [Θερσίτης], que significa en griego «insolente» (de θάρσος: audacia) o el del poeta Femio [Φήμιος], que proviene de φημί, que significa decir.

10 «¿O crees que digo naderías y que me engaño al pensar que estoy palpando la huella, por así decirlo, de la opinión de Homero sobre la exactitud de los nombres?» [ἤ οὐδέν σοι δοκῶ λέγειν, ἀλλὰ λανθάνω καὶ ἐμαυτὸν οἰόμενός τινος ὥσπερ ἴχνους ἐφάπτεθαι τῆς Ὁμήρου δόξης περὶ ὀνομάτων ὀρθότητος;] (393b); «Vigílame, pues, que no vaya a inducirte a error de alguna forma» [φύλαττε γάρ με μή πῃ παρακρούσωμαί σε] (393c).

11 Las traducciones del griego son las de Calvo (1983), aunque en algunos casos el autor del artículo se ha tomado la libertad de alterar algunos aspectos.

12 Esta etimología no aparece explícitamente el texto, sino que, al menos para algunos autores, parece desprenderse de la suma de las dos etimologías del dios presentes en el texto. La primera (396b) relaciona su nombre con el νοῦς [κόρον τοῦ νοῦ, es decir, «puro de inteligencia»], mientras que la segunda lo hace, aunque indirectamente, con el verbo χωρεῖ [se mueve] de la cita de Heráclito (402b). Véase Domínguez (2002: 157).

13 De hecho, Sedley (1998: 151) conjetura que todas las que no remiten a la doctrina del eterno movimiento podrían tener un valor filosófico para Platón, quien aceptaría la etimología como mecanismo exegético, aunque siempre con cautela, contemplando la posibilidad de que los antiguos se hubieran equivocado al poner el nombre justo. Aunque es cierto que se aprecian distintos niveles de

humorismo, parece algo exagerado sospechar que Platón pueda sentir algún tipo de aprecio por un método contra el que tanto cálamo invierte.

14 Se retoman, por ejemplo en 410b, donde ἀήρ se asocia a ἀεί ῥεῖ y αἰθήρ a ἀεί θεῖ.

15 Las etimologías alegóricas contenidas en el papiro de Derveni han dado pie a algunas interpretaciones que consideran que el orfismo tiene un papel destacado entre los distintos blancos de la crítica platónica, como apunta Casadesús (2000: 55-77). Independientemente de la relevancia que pueda tener este movimiento en la sátira platónica, cabe decir que este papiro traza un puente sobre el abismo de casi tres siglos que se extendía entre Teágenes de Regio, padre putativo de la alegoría, y los estoicos, incansables cultivadores de ésta. Es un buen testimonio, por lo demás, de las operaciones místico-religiosas que se llevaban a cabo en el siglo IV a.C y Platón podría atacar desde su racionalismo.

16 La alusión a οἱ νῦν περὶ Ὅμηρον δεινοί (407b) parece referirse a algún tipo de expertos contemporáneos de Sócrates que habrían podido elaborar lecturas homéricas del tipo alegorista.

17 Eutifrón ha sido unánimemente asociado al personaje que da nombre a un diálogo homónimo, retratado como un hombre de profundas inclinaciones religiosas que tiende al fanatismo. Véase Nails (2002: 152).

18 Una ironía fuerte puede apreciarse en 410e: «Parece que estoy ya progresando en sabiduría» [Πόρρω ἤδη, οἶμαι, φαίνομαι σοφίας ἐλαύνειν]. Otra en 401e: «Buen amigo, me ha venido en mente un enjambre de sabiduría» [Ὠγαθέ, ἐννενόηκά τι σμῆνος σοφίας].

19 Algunas de estas etimologías son: φρόνησις [reflexión] de φορᾶς καὶ ῥοῦ νόησις [pensamiento del movimiento y del flujo]; γνώμη [conocimiento] de γονῆς νώμησις [observación de la generación]; νόησις [intelección] de νέου ἕσις [deseo de lo nuevo]; σύνεσις [comprensión] de συνιέναι [acompañar], ya que la comprensión debe acompañar las cosas que están en movimiento; ἐπιστήμη [ciencia] del participio ἑπομένη [que sigue], ya que es propia del alma «que sigue» el movimiento de las cosas [ὡς φερομένοις τοῖς πράγμασιν ἑπομένης τῆς ψυχῆς]; σοφία [sabiduría] de φορᾶς ἐπαφή [contacto con el movimiento], puesto que ésta debe engancharse [ἐφάπτεσθαι] a la realidad móvil que pretende conocer.

20 Esto mismo recalca Sócrates al final de la obra (439d).

21 «Los hombres antiguos que pusieron los nombres, exactamente como la mayoría de sabios actuales, sufrieron vértigo por el hecho de girar constantemente a su alrededor, buscando cómo están (ὅπη ἔχει) las cosas que son (τὰ ὄντα); y les parece que las cosas giran y se mueven» (411b)

22 Esta etimología parece tener orígenes pitagóricos. Véase Domínguez (2002: 102, n. 80).

23 Quizá el más representativo y directo de todos se produce cuando Sócrates deja caer que tal vez la sabiduría de Eutifrón le haya abandonado (409d).

24 La ocurrencia socrática recuerda al tópico griego que los romanos bautizaron con el nombre de *ut pinctura poiesis*, cuya autoría se atribuye a Simónides de Ceos.

25 A nuestro parecer, las capacidades imitativas de la música, único arte que trasciende el símbolo, son escasas. No parece ser del todo así en la mentalidad griega, que hace un uso mucho más amplio del verbo μιμέομαι.

26 «Creo que parece ridículo, Hermógenes, que las cosas imitadas con letras y sílabas se tornen manifiestas» [Γελοῖα μὲν οἶμαι φανεῖσθαι, ὦ Ἑρμόγενες, γράμμασι καὶ συλλαβαῖς τὰ πράγματα μεμιμημένα κατάδηλα γιγνόμενα] (425d1-2). «Pero bueno, esto que he intuido sobre los primeros nombres me parece del todo exagerado y ridículo» [Ἃ μὲν τοίνυν ἐγὼ ᾔσθημαι περὶ τῶν πρώτων ὀνομάτων πάνυ μοι δοκεῖ ὑβριστικὰ εἶναι καὶ γελοῖα] (426b5).

27 «¿Te crees capaz de distinguir si las cosas son así? Porqué yo no» (425b).

28 El trabajo de Baxter (1992) sigue las huellas de las etimologías con mucho acierto, a pesar de las limitaciones que esta tarea ofrece.

29 Aronadio (2006: 103) lo expresa en los siguientes términos: «È legittimo parlare a proposito del Cratilo di riflessione sul linguaggio in generale, anche se nel dialogo sono fatti oggetto di analisi i nomi. È legittimo non perché Platone intenda il linguaggio come una nomenclatura, ma perché le caratteristiche dei nomi evidenziate in questo dialogo sono determinanti e condizionanti per tutti gli altri e più complessi livelli del fenomeno linguistico: il valore di una proposizione o di un'argomentazione dipendono (non soltanto, ma imprescindibilmente) dalla relazione che il nome stabilisce con la cosa».

30 La palabra τρόπος parece referirse aquí al método epistemológico [διδασκαλικόν] que ofrece la etimología.

31 Los distintos traductores entrecomillan esta frase porque sería usada literalmente en las plegarias (*Filebo* 12c). Advertimos, además, que hemos alterado ligeramente la traducción de este pasaje, intentando acercarnos más al original griego.

Referencias bibliográficas

ADEMOLLO, F., *Un' interpretazione del Cratilo di Platone*, en M. Allessandrelli et M. Nasti de Vincentis (eds.), *La logica nel pensiero antico*, Bibliopolis, Napoli 2009, pp. 15-73.

ADEMOLLO, F., *The Cratylus of Plato. A commentary*, Cambridge University Press, Cambridge 2011.

ARONADIO, F., *Procedure e verità in Platone: Menone, Cratilo, Repubblica*, Bibliopolis, Napoli 2002.

ARONADIO, F., *Platone, Cratilo*, Laterza, Roma 1996.

BARNEY, R., *Names and Nature in Plato's Cratylus*, Routledge, New York 2001.

BAXTER, T. M. S., *The* Cratylus. *Plato's Critique of Naming*, Brill, Leiden 1992.

CALVO, A. (ed. y trad.), *Diálogos* II, Gredos, Madrid 1983.

CASADESÚS, F., «Nueva interpretación del *Crátilo* a partir de las aportaciones del papiro de Derveni», *Emerita*, LXVIII(1), 2000, pp. 53-71.

DOMÍNGUEZ, A. (trad.), *Platón. Crátilo o del lenguaje*, Trotta, Madrid 2002.

DUKE, E. A., HICKEN W. F. *ET ALII* (ed.), *Platonis opera* (vol. I), Claredon Press, Oxford 1995.

KRETZMANN, N., «Plato on the correcteness of name», *American Philosophical Quarterly*, 8, 1978, pp. 126-138.

MACKENZIE, M. M., «Putting the Cratylus in it's place», *Classical Quartely*, 36, 1986, pp. 124-55.

NAILS, D., *The people of Plato: a prosopography of Plato and other Socratics*, Hackett Publisihing Company, Indianapolis 2002.

RIJLAARSDAM, J., *Platon über die Sprache. Ein Kommentar zum Kratylos*, Scheltema&Holkema, Bohn, Utrecht 1978.

SEDLEY, D., *Plato's* Cratylus, Cambridge University Press, Cambridge 2003.

SEDLEY, D., «The Etymologies in Plato's *Cratylus*», *The Journal of Hellenic Studies*, 118, 1998, pp. 140-154.

TRABATTONI, F., «Recensione Plato's *Cratylus*, David Sedley», *Rivista di Storia della Filosofia*, 61(4), 2006, pp. 1065-1069.

X. El humor socrático y el humor platónico*

Jonathan Lavilla de Lera

> La lettre écrite m'a enseigné à écouter la voix humaine, tout comme les grandes attitudes immobiles des statues m'ont appris à apprécier les gestes. Par contre, et dans la suite, la vie m'a éclairci les livres
>
> (M. Yourcenar, *Mémoires d'Hadrien*)

1. Introducción

La filosofía de Platón nos ha llegado a través de sus *Diálogos*, que no constituyen tratados monográficos acerca de temas concretos, sino conversaciones entre diferentes interlocutores, en las que el humor está muy presente[1]. En los *Diálogos* hallamos, sobre todo a través de la figura de Sócrates, chanzas de todo tipo y un notable humor mediante el que los personajes conversan los unos con los otros. No sólo es manifiesto el tono burlesco con el que Sócrates se dirige a sus interlocutores en diálogos como el *Ion*, el *Fedro* o el

---

* Este capítulo de libro forma parte de los resultados de investigación del Grupo de Investigación *Eidos: Platonisme i Modernitat* (2017 SGR 584), financiado por la Generalitat de Catalunya.

Crátilo, sino que en el *Teeteto* (174a4-b1) Sócrates parece referirse con notable sorna a la propia actitud del filósofo mediante la famosa anécdota de Tales y la burla de su esclava tracia, anécdota que constituye una jocosa reescritura de un pasaje esópico. La filosofía platónica y, por ende, la actitud de su Sócrates y las conversaciones que entabla, se presentan, por tanto, como un *pasatiempo* o un *ameno divertimento* [παιδιά].

Sea como fuere, a pesar de la notable carga de humor que acompaña la confección de dichos textos, no sólo es lógico suponer que detrás de tamaña empresa debe existir cierto objetivo serio o grave, sino que el propio Sócrates confirma en diferentes pasajes que tras el carácter jocoso de las conversaciones y de la actitud burlona de los personajes, existe el *serio* [σπουδαῖος] intento de mostrar en práctica la técnica dialéctica. La dialéctica, esto es, el método propio de la filosofía, es sancionado como lo único *serio* entre tanto humor discursivo. Es decir, los *Diálogos* constituyen una especie de juego, pero a través del que debe advertirse una cuestión grave y enjundiosa.

Pero resulta que diferenciar entre lo jocoso y lo serio, de hecho, no siempre es tarea sencilla en los *Diálogos*. Expresado diversamente, advertir con nitidez la naturaleza de la dialéctica y distinguirla de prácticas o actitudes similares no resulta evidente. Si a base de imitar las prácticas de un zapatero podemos convertirnos en zapateros, no resulta obvio que imitando las conversaciones socráticas —o aprendiéndolas de memoria— vayamos a tornarnos filósofos. Sócrates sabe que para promover la dialéctica entre sus interlocutores no basta con persuadirlos de ciertas tesis concretas hasta que puedan repetirlas por sí mismos. De la misma manera, Platón sabe que no puede transmitir la filosofía mediante la simple admiración que suscitan los *Diálogos* en sus lectores. Maravillarse con la belleza plástica de los mitos platónicos o estar de acuerdo con un conjunto de tesis epistemológicas y ontológicas no equivale en absoluto a abrazar la filosofía. A este respecto, defendemos que el humor de los diálogos tiene como uno de sus objetivos centrales incomodar al interlocutor, de modo que tenga que esforzarse para captar qué se proclama en serio y qué se dice a modo de juego. En los *Diálogos* existen al menos dos niveles de humor, a saber, el que emplea Sócrates respecto a sus interlocutores y el que utiliza Platón respecto al lector. La comunicación que proponemos tendría como objetivo mostrar mediante el análisis de algunos pasajes del *Fedro* en qué medida el humor de Sócrates constituye una prueba para medir las reacciones de su interlocutor y percatarse de si, además de persuadirlo, consigue hacerlo partícipe de la filosofía. Esto es, las bromas socráticas constituyen una prueba que el interlocutor debe superar, de la misma manera que el lector platónico debe superar el test de determinar qué es lo que el Académico plantea con gravedad entre tantas chanzas a lo largo de sus textos. La clave para comprender a Platón, por tanto, radicaría en gran medida en ser capaz de diferenciar lo jocoso y lo serio, que, sin duda, en los *Diálogos* se ofrece mezclado.

2. *Contextualización: personajes y problema central del* Fedro

Pese a ser referido en los diálogos platónicos *Protágoras*, *Banquete* y *Fedro*, Fedro de Mirrinunte, hijo de Pitocles, es un personaje de baja estofa en lo que atañe a sus capacidades. Ni es un profesional reputado como Ion, ni es un intelectual de contrastado renombre como Parménides, Gorgias o Protágoras, sino un diletante. En los *Diálogos*, Fedro se distingue, sobre todo, por escuchar, promover y reproducir discursos ajenos. Sócrates afirma de su interlocutor que, salvo Simmias el tebano, ninguna otra persona ha logrado hacer que los demás produjesen más discursos (242a). En el diálogo que lleva su nombre, este hecho se ve plenamente corroborado, en tanto que no solamente es portador de un discurso que el logógrafo Lisias ha confeccionado acerca del amor, sino que propicia que Sócrates ofrezca otros dos discursos de idéntica temática que compitan con el anterior. Fedro, que en todo el diálogo no parece ofrecer ninguna tesis propia, es pues un promotor discursivo, ducho en propiciar que los discursos broten y se multipliquen, pero incapaz de hablar por sí mismo.

En el diálogo homónimo es el ilustre Lisias quien habla por boca de Fedro, mientras que en el *Banquete* Fedro teje un discurso que constituye una especie de *collage* a partir de las tesis de ínclitos personajes como Hesíodo, Homero, Acusilao, Parménides, Esquilo y Eurípides. El hijo de Pitocles habla siempre por un tercero y, en concreto, los tres diálogos del Académico que nos lo presentan muestran que cuanto sostiene es deudor de las vanguardias intelectuales de la época, tales como los teóricos de la medicina o el heterogéneo grupo de pensadores catalogados bajo la etiqueta de *movimiento sofístico*. Esta simpatía por las vanguardias (Szlezàk, 1989: 74) y su menosprecio respecto a lo antiguo reflejados los *Diálogos*, casa perfectamente con el hecho de que el Fedro histórico fuese condenado al exilio en el 415 a.C. por haber parodiado los Misterios de Eleusis[2].

El de Mirrinunte, por tanto, se preocupa por hacer proliferar los discursos ajenos, sin ser capaz de hablar por sí mismo o establecer un criterio para juzgarlos (Griswold, 1986: 21; Werner, 2012: 20). Su opinión dista mucho de ser crítica, limitándose a simpatizar con los enfoques de las nuevas vanguardias intelectuales. En el diálogo que lleva su nombre, Platón explota este problema particular del hijo de Pitocles para plantear una investigación acerca de un problema de orden general. Fedro presenta el discurso de Lisias y, tras leerlo, le pregunta a Sócrates qué le ha parecido (234c6-7). Tras un largo rodeo, Sócrates plantea a las claras una cuestión de orden general que es necesario abordar para valorar el texto de Lisias: ¿cuál es el modo de escribir bien y de escribir mal? (258d7). Inmediatamente después, la cuestión se plantea de forma todavía más general, en tanto que se inquiere acerca de la manera en la que componer bien un discurso, ya sea oral o escrito (259e1). Estas tres preguntas constituyen el eje vertebrador del diálogo. Fedro le pide opinión a su interlocutor acerca del discurso que lleva consigo y Sócrates trata de ofrecer un criterio para juzgar cualquier discurso, oral o escrito, incluido el del logógrafo. Formulado diversamente, el diálogo aborda el problema de la retórica, en tanto que arte de confeccionar con arte el discurso[3].

De hallar un criterio universal mediante el que valorar los discursos, no sólo se le ofrecería una respuesta teórica a la pregunta inicial del de Mirrinunte, sino que se le brindaría un criterio mediante el que relacionarse adecuadamente con cualquier discurso. La pretensión socrática es que su interlocutor deje de vincularse de manera acrítica con el discurso, llegando a ser capaz de emplear un criterio que además de permitirle juzgar los discursos ajenos, le posibilite hablar por sí mismo. Esto último equivaldría a dejar de estar a merced de la retórica tradicional, siendo capaz de valorar de manera autónoma los discursos propios y ajenos, haciendo uso de la filosofía, designada en este diálogo como *retórica buena* (Trabattoni, 1995: 178; Bonazzi, 2011: 159, n. 204 y 185, n. 238; Tordesillas, 2013: 261-262, n. 18). La conversación socrática, por tanto, lejos de limitarse a ser una especulación teórica sobre la retórica, tiene como objetivo producir un cambio de rumbo en la forma de vida de su interlocutor.

3. Las chanzas socráticas

El modo en el que Sócrates trata de reconducir la *praxis* de su interlocutor no es precisamente ni serio ni grave. Muy al contrario, la estrategia conversacional del filósofo está preñada de todo tipo de chanzas y burlas. El motivo es claro: si la pretensión es propiciar que Fedro deje atrás su actitud heterónoma respecto a los discursos para empezar a pensar y a hablar por sí mismo, el modo de hacerlo no puede ser directo. Esto es, no sólo se pretende persuadir al de

Mirrinunte de una serie de tesis concretas, sino, sobre todo, hacer que llegue a pensar por sí mismo y, por tanto, que pueda llegar a dichas tesis por su propia cuenta, si es que alcanza a examinarlas de forma autónoma y las juzga válidas. La enseñanza socrática, por tanto, no puede limitarse a la persuasión, sino que debe forzar a su interlocutor a abandonar su situación previa y a pensar de manera autónoma. El carácter burlón de Sócrates en este diálogo está estrechamente ligado a esta estrategia de la transmisión de la filosofía, que como la propia ironía, sólo puede darse de forma indirecta.

Una de las primeras técnicas mediante las que aflora la jocosa enseñanza socrática es el de la *imitación*. Desde el inicio del diálogo, Sócrates juega a caracterizarse a sí mismo con los atributos propios de su interlocutor (Griswold, 1986: 29; Sala, 2007: 51-52). Así, en la introducción del diálogo y en el breve intervalo entre la lectura del discurso de Lisias y la recitación del primer discurso socrático, Sócrates se presenta como un *apasionado de los discursos* (236e5), que no sólo está como loco por escuchar el texto de Lisias, sino que muestra una notable preocupación ante las coacciones de Fedro, que amenaza con no volver a darle más noticias en lo ulterior acerca de otros discursos. Cabe advertir que esta disposición socrática no responde a su verdadera naturaleza, sino a la burla mediante la que imita a su interlocutor, indicando hasta qué punto lleva una vida en la que busca por encima de ninguna otra cosa hacer brotar y escuchar discursos. Sócrates no se preocupa por la proliferación acrítica de los discursos, sino acerca de los criterios mediante los que se construye el buen discurso, esto es, la palabra dirigida hacia la verdad. Es pues un amante del conocimiento y no un amante de los discursos. En cambio, Fedro no solamente porta con él un discurso escrito por Lisias, sino que propicia mediante todas sus fuerzas que Sócrates le plante cara con otro más bello que trate de superarlo. Fiel a su carácter de glotón discursivo, no contento con el primer discurso socrático, cuando éste acaba la declamación, en primera instancia le pide que lo alargue, mientras que a continuación le sugiere quedarse a dialogar sobre lo expuesto, hasta el punto de que cuando Sócrates anuncia un nuevo discurso opuesto a los dos anteriores, Fedro se llena de júbilo.

Otro mecanismo irónico mediante el que el filósofo trata de incomodar a su interlocutor es el hecho de presentar sus palabras como si fuesen el producto de un tercero. Sócrates niega hablar por sí mismo al entonar sus dos discursos. En el primero, afirma limitarse a referir lo oído a sabios hombres y mujeres de antaño, como Anacreonte el sabio, Safo la bella, o ciertos prosistas (235c3-4). Enseguida, sin embargo, parece que la fuente del relato varía, en tanto que invoca a las Musas (237a) para que le insuflen el relato. Por si no fuese suficiente, a continuación sostiene que su primer discurso debe ser atribuido al propio Fedro (242d-e; 244a). Análogamente, según lo relatado por Sócrates, su segundo discurso —la palinodia— corresponde Estesícoro (244a2-3) y el mito egipcio de Theuth y Thamus es referido a una tradición antigua (274c). En definitiva, Sócrates sostiene ser similar a una vasija vacía (235d1), que por sí misma no contiene ningún contenido, pero que, bebiendo de otras fuentes, es capaz de verter lo que él ha bebido de otros. Pues bien, de nuevo esta manera en la que Sócrates se caracteriza constituye una parodia de la actitud de Fedro, quien se topa con Sócrates y es incapaz de decir nada propio, limitándose a leer el discurso de un tercero.

En cualquier caso, la *mímesis* no es ni mucho menos la única vía mediante la que trata de alterar el carácter de su interlocutor. Según hemos hecho notar, el filósofo sostiene recitar el primer discurso *poseído* por las musas. Se trata de un recurso habitual entre los poetas arcaicos, pero que a ojos de un ciudadano ilustrado refinado y vanguardista como Fedro, resulta ridículo. Pues bien, Sócrates señala estar bajo la influencia divina en numerosos pasajes del diálogo (237a7-237b1; 238c5-d3; 241e3-5; 262d2-6; 263d1-3; 263d5-6; 279b1-3). Sócrates adopta así, con el propósito de incomodar a su interlocutor, un tono arcaizante (235b7; 237a7-b1; 243a4; 244b6-244d5; 274c1-2; 275b7-

c1), fiel a las tradiciones denostadas por las nuevas vanguardias. Esta estrategia repleta de sorna resulta manifiesta en un momento del diálogo en el que tras narrar el mito de Theuth y Thamus, Sócrates contrapone irónicamente la ingenuidad de los antiguos respecto a la sagacidad de los modernos como Fedro (275b-c). Análogamente, el filósofo desprecia con no poca sorna las interpretaciones alegóricas que algunos modernos elaboran sistemáticamente en lo referente a los mitos antiguos (229c-230b), situándose una vez más cercano a lo arcaico y receloso de lo moderno[4].

Pese a que haya pasado desapercibida por algunos comentaristas, también son burlescos los pasajes en los que Sócrates se refiere a su interlocutor como si fuese un niño (267b-c) o un mozalbete (257c8). Fedro, que vivió entre el 444 y 393 a.C., efectivamente es más joven que Sócrates, pero los detalles de la escena dramática evidencian que no se trata de un joven —¡exceptuando a Simmias, nadie ha suscitado más discursos que él en Grecia!—, sino de un adulto (de Vries, 1969: 6; Nehamas, 1999: 332). Si Sócrates se refiere a él como un niño, en parte se debe a su condición heterónoma respecto a los discursos, pero, sobre todo, a que por medio de otra chanza del diálogo, los personajes juegan a representar los roles de la escena que evocan los tres discursos del diálogo, en lo que constituiría un pequeño *drama dentro del drama*. Durante el primer discurso socrático, Fedro juega a ser el joven mancebo al que un no-enamorado trata de persuadir, mientras que Sócrates representa a este último; durante el segundo, Fedro vuelve a adoptar el papel del joven pretendido, mientras que Sócrates juega a representar el enamorado que pretende persuadir al joven de los beneficios del amor (243e4-7).

Según lo anterior, los dos personajes entablan con notable hilaridad la representación del ambiente recreado por los tres discursos del diálogo. Y, no obstante, la cuestión en absoluto deja de ser relevante, sino digna de un cuidadoso análisis. Esta *mímesis* de los personajes, de hecho, pone de relieve el peligro al que está sometido

Fedro. Sin un criterio mediante el que juzgar el discurso, está destinado a ser una marioneta, cuyo rumbo oscila en función de la fuerza persuasiva del discurso por el que sea afectado, independientemente de la mayor o menor bondad del mismo. Los tres discursos del diálogo son presentados con tal pretensión: Platón quiere mostrar que Fedro carece de un criterio mediante el que juzgarlos. El primer discurso socrático se presenta como una mera alteración formal del de Lisias, al que pretende superar; es decir, se sugiere que el criterio para juzgar un discurso debe depender de manera íntegra en su ornato formal y sin tener en cuenta el contenido. El segundo discurso socrático, que se presenta como un discurso que defiende una tesis opuesta, de hecho, resulta que también, en cuanto a su aspecto retórico se refiere, entre otras cuestiones dotado del bello mito del carro alado, se muestra superior a los anteriores. Así, en tanto que la palinodia se presenta como la palabra definitiva de Sócrates y está mucho más trabajada en cuanto a su estilo que los anteriores, la discusión parece clausurarse. Fedro se persuade sobre la superioridad de la palinodia frente al discurso de Lisias y no objeta nada al respecto (257c).

Sin embargo, el quid de la cuestión radica en que esta secuencia discursiva constituye en sí misma una jocosa trampa. Según hemos indicado, el objetivo de Sócrates no se limita a persuadir a Fedro y mucho menos a convencerlo sobre la mayor o menor belleza externa de un discurso. De hecho, es entonces cuando la conversación da un giro y se recoge la pregunta inicial de Fedro acerca de la valía del discurso de Lisias. Es entonces, tras la secuencia formada por los tres discursos, cuando Sócrates deja a las claras que se debe hallar un criterio para juzgar la bondad de cualquier discurso, sea oral o escrito. Dicho de otra manera, es el momento de comprobar los efectos del discurso, que si bien puede conducir hacia la verdad y el bien, también tiene la potencia de conducir hacia lo opuesto. Claro ejemplo de ello es Fedro, que ha pasado de estar persuadido por una tesis a abrazar su opuesta, sin ningún criterio claro al respecto.

Precisamente, la discusión ulterior está dirigida a mostrar la necesidad de dotarnos de un tal criterio, el cual nos permita protegernos de los efectos nocivos de la retórica tradicional —que son los que afectan a Fedro— y exprimir los beneficios de la buena retórica.

4. Un elemento máximamente serio se esconde entre tanto divertimento

El *Fedro* representa una gran parodia, hasta el punto de que Sócrates reconoce que toda la conversación ha constituido un *juego* (265c8; 278b7), a excepción de lo que atañe al método dialéctico, al que Sócrates se refiere explícitamente en 265d3-266b1 y 266b3-c5. La dialéctica constituye el asunto grave que subyace a todo el entresijo de juegos y chanzas discursivas que forman el diálogo. El motivo es claro: se trata del método que hace posible establecer un criterio mediante el cual juzgar apropiadamente un discurso y, en general, para poder escribir o hablar bien. La dialéctica es el elemento que permite responder a la pregunta inicial planteada por Fedro en relación al texto de Lisias, que Sócrates convierte en una pregunta de índole más general. Para que Fedro deje atrás su relación acrítica y heterónoma con los discursos, sería preciso que practicase por sí mismo la dialéctica, que, según lo expuesto por Sócrates, constituye el proceso según el cual se logra llevar con una visión de conjunto a una sola forma aquello que está diseminado en muchas partes e, inversamente, dividir según las especies, en función de las articulaciones naturales, lo que aparece unido.

Así, Fedro debería ser capaz de llevar a una sola forma en función de una visión de conjunto lo que Sócrates jocosamente ha expuesto de manera diseminada e, inversamente, dividir según sus partes naturales lo que éste ha expuesto de forma unitaria. Para ello, Fedro debería captar que Sócrates ha seguido un plan premeditado al exponer dos discursos, fingiendo que su naturaleza es antitética, y que el primero es impío y falso (242c3; 242d7; 242e5-243a1;

244a3-5), mientras que el segundo es pío y verdadero (266a7). Fedro debe comprender que, de hecho, los dos discursos no hacen sino presentar de manera dispersa el fenómeno erótico, que puede manifestarse en tanto que amor siniestro o amor diestro. Es, pues, tarea de Fedro captar que los dos discursos no son antitéticos, sino complementarios (Trabattoni, 1995: 161; Bonazzi, 2011). Más incluso, conviene que se percate de que cada uno de ellos es en cierta manera parcial y que requiere del otro para completarse: para comprender con solvencia qué es el amor, no solamente debemos captar su unidad profunda, sino también todas las formas en las que puede manifestarse. Asimismo, esto implicaría comprender que el discurso de Lisias es erróneo, no por ser enteramente falso, sino a causa de presentar la parte como el todo, esto es, debido a que señala una de las manifestaciones del fenómeno erótico como si constituyese la única forma en la que el amor se manifiesta.

La cuestión de la unidad profunda de los dos discursos socráticos constituye, sin ambages, una de las trampas repletas de humor que Fedro debe superar, si es que quiere aprender realmente algo y, por tanto, adoptar una mejor forma de vida. No obstante, no se trata de la única prueba que el interlocutor del filósofo debe superar. Así, de la misma manera en la que el de Mirrinunte debe captar no sólo la parte, sino el conjunto de la naturaleza del amor, Fedro debe captar en qué consiste la unidad de la retórica, la cual, como el amor, también se divide en una retórica siniestra, la retórica tradicional, y una retórica diestra, la buena retórica o filosofía.

Inversamente, también debe aprender a separar lo que, pese a ser catalogado bajo una misma etiqueta, no forma parte de la misma naturaleza. Sin ir más lejos, la alusión a Isócrates al final del diálogo, el cual designaba su propia actividad bajo el término *filosofía*, supone un reto irónico para Fedro, que debe advertir que la naturaleza de la propuesta de Isócrates y la de Sócrates difieren drásticamente, por más que ambas empleen para sí el mismo nombre. Análogamente, el hijo de Pitocles debe saber distinguir que la *templanza* alabada en los dos primeros discursos del diálogo en absoluto es equiparable a la *templanza* que requiere, según la palinodia, el auriga del filósofo para domeñar a sus corceles. Es decir, Sócrates no trata de transmitir de forma directa un dogma a Fedro, sino de ofrecerle unas directrices para que haga uso de la dialéctica —de la unión y división de las cosas según sus especies y articulaciones naturales— por sí mismo, comprendiendo la unidad profunda y las partes constitutivas de lo que se ha expuesto a veces reunido, a veces desparramado, pero siempre de forma jocosa.

5. *El lector platónico ante su* alter ego

Hemos visto que la propuesta didáctica de Sócrates para conducir a su interlocutor hacia la filosofía es indirecta y que, en buena medida, ese carácter mediato aflora a través de chanzas de todo tipo. Fedro, por su parte, no está a la altura y no es capaz de poner en marcha la dialéctica, reuniendo lo que con notorio humor es señalado de forma dispersa e, inversamente, separando lo que con no poca sorna se agrupa y cataloga erróneamente como un solo fenómeno. Inmutable respecto al inicio del diálogo, sigue fiel a su pasión acrítica por los discursos, hasta el punto de que cuando se despide de Sócrates, su intención es dirigirse a la ciudad para ver si encuentra a algún otro *experto* que pueda prolongar el certamen discursivo, replicando a las palabras de Sócrates. Haya sido persuadido o no por el filósofo acerca de ciertas tesis expuestas, el de Mirrinunte no ha *aprendido* nada[5]. Fedro ha sido incapaz de aprender algo serio a partir de las múltiples chanzas socráticas. No obstante, esto no implica que el diálogo constituya un fracaso. Por más que el intento de Sócrates no haya resultado fértil, existe un segundo nivel de transmisión de la filosofía que conviene considerar. Se trata de la pretensión educativa de Platón, esto es, la propuesta didáctica que propone el *Fedro* en relación al lector platónico[6].

De entrada, conviene destacar la polifónica manera en la que se ha considerado este diálogo, objeto de un sinfín de controversias que todavía siguen engrosando la bibliografía secundaria platónica después de muchos siglos. Al inicio del siglo XIX Schleiermacher consideraba el *Fedro* como una obra programática y de juventud —¡el primer diálogo platónico!—, mientras que en la actualidad es generalmente considerado un diálogo de madurez[7]. El tema central del diálogo también ha sido objeto de intensos debates, en tanto que para algunos es el amor, para otros lo bello y todavía para otros la retórica el problema central sobre el que gira el texto[8]. Más incluso, la unidad temática y compositiva del diálogo han sido puestas en entredicho, hasta el punto de que todavía en el siglo XXI se están publicando textos, cuyo objeto es esclarecer la unidad subyacente al diálogo. Así, pues, parece que si el modo en el que Sócrates trata de transmitir la filosofía a su interlocutor es indirecto y repleto de trampas, no menos mediata y jocosa es la propuesta del fundador de la Academia respecto a sus lectores. Podría pensarse que Platón, más que aclarar ciertas cuestiones, hubiese querido extraviar a su lector, evitando expresar de forma clara y directa cuáles son el tema principal y la unidad profunda del texto; Platón voluntariamente no escoge la forma del tratado a la hora de redactar sus textos. Es decir, el *Fedro* está confeccionado con notable sorna, en tanto que preñado de trampas que amenazan con extraviar al lector igual que Sócrates lleva al desconcierto a Fedro.

Cabe señalar, sin embargo, que dicha estrategia dista mucho de ser malintencionada. De la misma manera que Sócrates trata de transmitir la filosofía a Fedro, Platón trata de hacer lo propio con el lector, lo cual equivale a impulsarlo a practicar por sí mismo la dialéctica[9]. Así, su objetivo no es meramente persuadir al lector de forma más o menos acrítica sobre ciertas cuestiones, sino, además, incomodarlo, obligarlo a pensar por sí mismo y que haga uso del método dialéctico, alcanzando a comprender en qué radica la unidad profunda del diálogo, cuál es el tema principal tratado y por qué

Platón lo presenta de tal forma[10]. De manera análoga a como Fedro debe captar la unidad profunda de los dos discursos socráticos, es tarea del lector alcanzar ésta y otras conclusiones, para lo que es indispensable la práctica dialéctica.

Esta situación permite trazar un paralelismo claro entre Fedro y el lector del diálogo. El de Mirrinunte lleva consigo un discurso escrito, si bien es incapaz de juzgarlo más allá de su ingenio y belleza estilística. Observamos cómo a continuación es igualmente incapaz de juzgar lo que de manera oral es expuesto por su interlocutor. Por su parte, el lector platónico se halla en una situación análoga; tiene entre sus manos el texto de un tal Platón. Puesto que dicho autor rechaza que la filosofía pueda transmitirse de forma directa como aprendizaje memorístico —adviértase que Fedro muestra al inicio del diálogo que ha aprendido de memoria el texto del logógrafo Lisias— o como mera persuasión respecto a determinadas tesis, lo relevante, lo serio entre tanto juego, no es sino la dialéctica. Ésta constituye el método para juzgar los discursos y para hablar o escribir bien, en tanto que permite conocer en su unidad profunda y en sus partes naturales aquello sobre lo que disertamos. Platón pretende que el lector practique la dialéctica y no solamente que se persuada sobre sus bondades o acerca de la belleza de los razonamientos y mitos de su Sócrates. Por ello, confecciona el diálogo con gran ironía, a forma de juego, si bien se trata de un juego del que desearía que el lector extrajese una enseñanza máximamente seria.

Siendo así, el lector platónico debe considerar a Fedro como un posible *alter ego* de sí mismo. Platón desearía que a su lector no le suceda como a Fedro, que si bien está ávido por escuchar a Sócrates, es incapaz de extraer nada provechoso de la conversación. No en vano, entre otras cuestiones, el diálogo discurre —lo cual es mostrado por medio de la actitud de Fedro respecto al texto de Lisias, pero también a través del mito de Theuth y Thamus 274c5-275e6, y del pasaje de los Jardines de Adonis (275c5-277b3)— acerca de los beneficios y peligros de la escritura. La escritura —una de las diversas formas concretas a través de las que puede manifestarse lo discursivo—, igual que un discurso oral de un tercero, potencialmente puede propiciar la práctica dialéctica; no obstante, para que se produzca esa enseñanza no basta con la persuasión o el aprendizaje memorístico, sino que se requiere que el receptor del mensaje lleve a cabo de forma activa un diálogo interior del alma consigo misma, esto es, el proceso de análisis o pensamiento que se conoce con el término de *dialéctica*, cuestionando en primer lugar el texto o discurso concreto que recibimos. El hijo de Pitocles no ha estado a la altura, pero en un segundo nivel, el diálogo es susceptible de ser un éxito, si es que el lector evita proceder de modo análogo al de Fedro y consigue llegar a pensar por sí mismo. Si esto último se cumpliese, podría decirse que el lector habría sabido separar correctamente el grano de la paja, captando con nitidez lo que se expone en serio entre un sinfín de bromas.

Notas

1 Desde hace unas cuantas décadas, reputados platonistas han subrayado con acierto que, si se pretende entender correctamente la propuesta platónica, en tanto que el Académico evitó hablar por voz propia y confeccionar tratados, primero de todo conviene dilucidar cuál es la naturaleza de la escritura platónica y qué estrategia persiguen sus diálogos. Sin esta indagación previa, no existen garantías de poder leer correctamente sus textos. Acerca de esta cuestión, véase v. gr. Kahn (1996), Monserrat Molas (2010), Rowe (2007), Cotton (2014).

2 La escasa información que tenemos del Fedro histórico está bien compilada por Nails (2002, 232-234). Acerca de la caracterización que de él hace Platón, además del texto de Nails (2002), véanse v. gr. Robin (1929), Poratti (2010) y Lavilla de Lera (2016).

3 Pese a que históricamente la cuestión haya sido discutida sobremanera, entre los comentaristas recientes (v. gr. Poratti, 2010: 76) parece existir consenso acerca del tema principal del diálogo, a saber, la retórica, en tanto que arte de confeccionar bien el discurso.

4 Vemos que ya sea imitando a Fedro o fingiendo ser el tipo de persona que su interlocutor desprecia, la ironía socrática consiste a menudo en la parodia mediante la que Sócrates se reviste a sí mismo con una fachada que no le corres-

ponde. Esto es, como ha sostenido Opsomer (1998: 7) Sócrates finge ser alquien que realemente no es.

5 La mayoría de intérpretes recientes lo entienden de este modo. Vénse v. gr. Poratti (2010: 408) y Werner (2012). Para una interpretación contraria, véanse Hackforth (1952: 169) y Yunis (2011: 239).

6 Tigerstedt (1977: 96-101), Bowen (1988: 60-63) o Burnyeat (1990: 115) son algunos de los autores que han señalado con mayor acierto que en los diversos diálogos platónicos coexisten al menos dos niveles comunicativos: por un lado, estaría la conversación mantenida por los personajes de la obra; por otro, el mensaje que Platón le lanza al lector. Esta peculiar estructura de los diálogos, la cual permite leer los diálogos al menos en dos niveles distintos de comunicación, es habitualmente referida mediante las expresiones «dialogo doble» [*double dialogue*] y «lectura doble» [*double reading*]. En el caso concreto del *Fedro*, Werner (2012: 17) ha demostrado con solvencia que además de la comunicación entre Sócrates y Fedro, el diálogo ha sido diseñado para que pueda producirse una conversación entre el Académico y el lector.

7 Acerca de la datación relativa de este y otros diálogos, el texto de Thesleff (2009) constituye un valiosísimo instrumento.

8 Resulta significativo que, como señala Brisson (1989: 4), el debate acerca del problema central del diálogo no es nuevo, y que ya en la antigüedad discutían si el diálogo discurría *sobre lo bello, sobre la retórica, sobre el bien, sobre el sumo bien* o *sobre el bien en general*.

9 Rowe (2007: 268) ha sido uno de los autores que ha expuesto con mayor claridad que uno de los objetivos centrales de los textos de Platón es forzar al lector a pensar por sí mismo. Por supuesto, Platón trata de persuadir acerca de ciertas cuestiones ontológicas y epistemológicas, pero hacer que el lector llegue a pensar por sí mismo es igual de apremiante, en tanto que tiene como una de las pretensiones últimas potenciar la actividad filosófica.

10 Tigerstedt (1977) es uno de los autores que ha enfatizado de manera más certera que el diálogo platónico está escrito a modo de *reto* para el lector.

Referencias bibliográficas

BONAZZI, M. (ed.), *Platone: Fedro*, traduzione e cura di Bonazzi, M., Giulio Einaudi Editore, Torino 2011.

BOWEN, A., «On Interpreting Plato», en Griswold, C. L. (ed.), *Platonic Writings, Platonic Readings*, The Pensylvannia State University Press, Pensylvannia 1988, pp. 49-65.

BURNYEAT, M., *The Theaetetus of Plato*, with a translation of Plato's *Theaetetus* by M. J. Levett, Hackett, Indianapolis 1990.

BRISSON, L. (ed.), *Platon, Phèdre (suivi de La pharmacie de Platon)*, introduit et traduit par L. Brisson, Flammarion, Paris 1989.

COTTON, A. K., *Platonic Dialogue and the Education of the Reader*, Oxford University Press, Oxford 2014.

GRISWOLD, C. L., *Self-Knowledge in Plato's Phaedrus*, Yale University Press, Yale 1986.

HACKFORTH R. (ed.), *Plato's Phaedrus*, translated with an introduction and commentary by Hackforth, R., Cambridge University Press, Cambridge 1952.

KAHN, C. H., *Plato and the Socratic dialogue*, Cambridge University Press, Cambridge 1996.

LAVILLA DE LERA, J., *Fedre: dramatis persona*, en *Anuari de la Societat Catalana de Filosofia*, XXVII, 2016, pp. 169-192.

MONSERRAT MOLAS, J., «Sobre la escritura de la filosofía», *Alpha*, 31, 2010, pp. 39-54.

NAILS, D., *The people of Plato: a prosopography of Plato and other Socratics*, Hackett Publisihing Company, Indianapolis 2002.

NEHAMAS, A., *Virtues of Authenticity: Essays on Plato and Socrates*, Princeton University Press, Princeton 1999.

OPSOMER, J., «The rhetoric and pragmatics of irony/εἰρωνεία», *Orbis*, XL, 1998, pp. 1-34.

PORATTI, A. (ed.), *Platón, Fedro*, introducción, traducción, notas y comentario de A. Poratti, Ediciones Akal, Madrid 2010.

ROBIN, L. (ed.), *Platon, Banquet*, notice, texte établi et traduit par L. Robin, Paris, Les Belles Lettres, Paris 1929.

ROWE, C. J., *Plato and the Art of Philosophical Writing*, Cambridge University Press, Cambridge 2007.

SALA, E., *Il Fedro di Platone. Commento*, tesis doctoral, Università Degli Studi di Padova, Padova 2007.[http://paduaresearch.cab.unipd.it/891/1/tesi_SALA_EVA.pdf]

SZLEZÀK, TH., *Platone e la scrittura della filosofia, Introduzione e traduzione di G. Reale*, Pubblicazzioni della Università cattolica del Sacro Cuore, Milano 1989.

THESLEFF, H., *Platonic patterns: a collection of studies*, Parmenides Pub., Las Vegas 2009.

TIGERSTEDT, E. N., *Interpreting Plato*, Uppsala, Almqvist & Wiksell 1977.

TORDESILLAS, A, «Discours rhétoriques et conduite des âmes: dialectique, psychagogie, politique dans le *Phèdre* de Platon», en de Carvalho, M. J., Caeiro, A. & Telo, H., *In the Mirror of the Phaedrus*, Academia Verlag, Sankt Augustin 2013, pp. 257-270.

TRABATTONI, F. (ed.), *Platone: Fedro*, traduzione di Untersteiner L. e cura di Trabattoni, F., Milán: Mondadori 1995.

DE VRIES, *A Commentary on the Phaedrus of Plato*, Hakkert, Amsterdam 1969.

WERNER, D. S., *Myth and Philosophy in Plato's Phaedrus*, Cambridge, New York 2012.

YUNIS, H. (ed.), *Plato: Phaedrus*, edited by Yunis, H, Cambridge University Press, Cambridge 2011.

XI. Ridículo, ignorancia y malevolencia. El tratamiento de lo cómico en el «Filebo» de Platón[*]

Bernat Torres Morales

1. La presencia de lo cómico en el argumento y la acción dramática del Filebo

En el *Filebo* de Platón cabe decir que se hacen pocas bromas, aunque el tema de la conversación sea la felicidad, la buena vida, y la contribución que en ella tienen el placer, el dolor y la racionalidad. En las conclusiones del diálogo, en la composición de la mejor de las vidas, no parece haber lugar para lo cómico (al menos para lo cómico tal y como se describirá a continuación), pero sí aparentemente para la música (*Filebo* 64c-66d). Sin embargo, lo cómico, junto a lo ridículo y lo risible, se presentan tanto en la acción dramática como en el argumento mismo del diálogo de manera significativa. Efectivamente, en un determinado momento del *Filebo*, Sócrates indica la necesidad de profundizar en la esencia de lo que sea la

---

[*] Este articulo forma parte de los trabajos realizados dentro de los grupos EIDOS, Hermenéutica, Platonismo y Modernidad (Universitat de Barcelona) y también del grupo SARX (Grupo de investigación en antropología de la corporalidad) (Universitat Internacional de Catalunya).

comedia mediante el establecimiento de una peculiar relación entre las experiencias del ridículo [γελοῖος], la ignorancia [ἄγνοια] y la malevolencia [φθόνος]. Esta situación representa un momento muy particular de la búsqueda que caracteriza al conjunto del diálogo, a saber, la búsqueda del «estado y la disposición del alma capaz de proporcionar la vida feliz a todo hombre» (*Filebo* 11d4). Este estado y disposición debe entenderse como una mezcla entre placer y razón que incluya, nos indica Sócrates, aquellas partes de ambos elementos que sean más puras y verdaderas (*Filebo* 52d-e). Esto exige que Sócrates analice minuciosamente y por separado el placer y la racionalidad, con el propósito de encontrar en cada uno los elementos más puros y verdaderos, y poder así, posteriormente, realizar la mezcla final en la que consiste la buena vida (*Filebo* 61b-64b).

Al análisis del placer Sócrates le dedica exactamente la mitad del diálogo (*Filebo* 31b-55c) y es en el interior de este análisis donde aparece una descripción de la naturaleza de lo cómico (*Filebo* 47d-50e)[1]. El largo argumento socrático que examina la naturaleza del placer para encontrar sus elementos más puros y verdaderos mostrará que en la mayoría de los casos, las experiencias placenteras, aunque se presentan como neutras o verdaderas, son falsas o contienen un elemento que, desde su interior, las convierte en falsas. Esto ocurre por ejemplo cuando asociamos un placer con un juicio o una afirmación que es errónea, lo cual convierte el placer en falso. Además, esta falsedad puede deberse al hecho de que el placer se presenta conjuntamente con su contrario, el dolor, de manera que su interrelación imposibilita la determinación (o delimitación) correcta de aquello de lo que gozamos[2]. En el trasfondo de toda la argumentación se encuentra la idea de que el placer (y el dolor que lo acompaña en la mayoría de ocasiones) es una experiencia que forma parte de lo ilimitado [ἄπειρος], una experiencia que difícilmente encuentra una medida, pues no tiene en sí misma «ni principio, ni medio, ni fin» (*Filebo* 31a).

2. La oscuridad de la comedia y la claridad de la tragedia

Sócrates explica que las mezclas entre placer y dolor pueden producirse o bien en el cuerpo en sí mismo o bien en la combinación entre cuerpo y alma o bien, finalmente, en el alma misma, como ocurre en los casos de «la ira, el miedo, la añoranza y el duelo, el amor, los celos y la malevolencia, y todo lo semejante» [ὀργὴν καὶ φόβον καὶ πόθον καὶ θρῆνον καὶ ἔρωτα καὶ ζῆλον καὶ φθόνον καὶ ὅσα τοιαῦτα] (*Filebo* 47e1-2). Para ejemplificar este tipo de mezclas, Sócrates pone el ejemplo de la tragedia y la comedia. El ejemplo de la tragedia resulta fácilmente comprensible por parte de Protarco, pues en él la ira (o la cólera) y su reflejo en los espectadores, parecen manifestar de forma suficientemente clara la mezcla entre placer y dolor en el alma (*Filebo* 47d8-48a4)[3]. A continuación, Sócrates afirma que lo mismo se produce en el caso de la comedia, pero Protarco no entiende el paralelismo, pues no resulta fácil (οὐ ῥᾴδιον] captar en ella el tipo de afección [πάθος] que se produce. «Considerémoslo —afirma Sócrates— con tanto mayor interés cuanto más oscuro [σκοτεινός] es, para que podamos también en los demás casos entender más fácilmente la mezcla de dolor y placer» (*Filebo* 48b4-5). Resulta relevante observar que en este punto del argumento del diálogo, donde el nivel de complejidad alcanzado es elevado, la explicación sobre el «estado de nuestras almas en las comedias» (es importante aquí la reiteración de διάθεσιν, que nos conecta con la intención inicial del diálogo; cf. 11d5) se presente como algo oscuro y que no es fácil. Aquello que represente la mezcla entre placer y dolor en la comedia, en todo caso, es algo que Protarco (ni tampoco el lector) no ve con claridad, lo cual provoca la prolongación del argumento.

Resulta interesante observar que Aristóteles, en su *Poética*, nos describe la comedia precisamente como una imitación de lo ridículo que no produce dolor a otros: «Respecto a la comedia es (como se ha observado) una imitación de los hombres peor de lo que son [μίμησις φαυλοτέρων]; peor, en efecto, no en cuanto a algunas y cada tipo de faltas, sino sólo en lo referente a una clase particular, lo ridículo [γελοῖος], que es una especie de lo feo [αἶσχος]. Lo ridículo puede ser definido acaso como un error o deformidad que no produce dolor ni daño a otros [τὸ γὰρ γελοῖόν ἐστιν ἁμάρτημά τι καὶ αἶσχος ἀνώδυνον καὶ οὐ φθαρτικόν]; la máscara, por ejemplo, que provoca risa, es algo feo y distorsionado, que no causa dolor» (*Poética* 1449a33-38). La definición aristotélica parece que se aproxima a la visión de Protarco, pues desvincula lo ridículo de lo doloroso. Sin embargo, como veremos, lo feo, deforme o vergonzoso [αἶσχος/κακός] termina asociándose, en el argumento socrático, con lo doloroso. Veamos cómo.

3. La estructura del sentimiento cómico:
γελοῖος, φθόνος *y* ἄγνοια

La forma en la que Sócrates trata de combatir la dificultad inherente a lo cómico consiste, en este caso particular, en establecer una distinción entre tres experiencias humanas: lo ridículo [γελοῖος], la ignorancia [ἄγνοια] y la malevolencia [φθόνος]. Las tres, como es habitual en los diálogos platónicos, no solamente forman parte del aparato argumentativo del texto, sino que su presencia en la escena dramática es manifiesta, como señalaremos. Sócrates deja claro que el concepto de ridículo debe entenderse en relación a la ignorancia [εκ δὴ τούτων]; mientras que la malevolencia, por su parte, revelará aquello más oscuro y complicado de ver y entender en la experiencia cómica. Si bien el orden de exposición socrático es el inverso, comenzamos el análisis a partir del concepto del ridículo, a fin de hacer el análisis más claro. Como es sabido, el vocablo griego γελοῖος designa tanto el ridículo como aquello risible que le ocurre a un personaje o persona, pero también la risa que eso mismo produce en el que observa (el espectador).

Sócrates define el ridículo como un mal [πονηρία] que da nombre a un cierto estado [ἕξις], el cual corresponde a una afección [πάθος] contraria al «conócete a ti mismo» [γνῶθι σαυτόν] expresado en el oráculo de Delfos. Como ha observador Mauro Tulli (2010: 240-241), mientras que en la *Apologia* la sabiduría del Oráculo de Delfos aparece como un antídoto frente a la ignorancia de la ciudad (cf. *Apologia* 19b-24b), en el *Filebo* esa misma sabiduría representa un antídoto contra el ridículo o, en todo caso, contra una determinada forma de ridículo. Esto tiene que ver, como veremos, con la disputa entre la filosofía y la poesía, uno de los temas de fondo del diálogo y, más específicamente, del fragmento sobre el que ahora trabajamos (Benardete, 1993: 198-208).

Por su parte, la ignorancia [ἄγνοια] es definida también como un mal [κακός] y «un estado que llamamos estupidez» [λέγομεν ἀβελτέραν ἕξιν]. Este mal quedará dividido primero en tres clases (tres formas de ignorancia que veremos a continuación) y posteriormente en dos, con la finalidad de aclarar las razones por las que se produce el ridículo de aquel frente al que nos reímos. Se señala que el ridículo, propiamente dicho, solamente se produce frente a la ignorancia de los débiles, que son, a su vez, nuestros amigos. El argumento socrático introduce finalmente el último elemento, el φθόνος, término que traducimos por malevolencia, pero que es de difícil traducción[4]. Sócrates lo define como una peculiar mezcla entre placer y dolor: como un dolor del alma [λύπην τινὰ ψυχῆς] consistente en disfrutar de los males de los demás [ἐπὶ κακοῖς τοῖς τῶν πέλας ἡδόμενος], siendo estos males, justamente, alguna de las formas de ignorancia mencionadas anteriormente, y aludiendo el término «demás» a los amigos que son inofensivos e incapaces de vengarse (como ha explicado el segundo nivel de clasificación de las formas de ignorancia). Efectivamente, el argumento socrático muestra que el dolor injusto [λύπη τις ἄδικός] en el que consiste el φθόνος se produce solamente en el gozar frente al mal de los amigos; mientras que hacerlo frente al mal de los enemigos ni es malevolencia ni es injusto[5]. Así pues, el mal de la ignorancia (en sus tres formas) es «ridículo en los débiles y odioso en los fuertes» [γελοῖα μὲν ὁπόσα ἀσθενῆ, μισητὰ δ'ὁπόσα ἐρρωμένα]. Este es, pues, el elemento más oscuro al que hacíamos referencia anteriormente, una experiencia, la de reírse de los males de los amigos, que no solamente se produce en los escenarios, sino en «toda la tragedia y la comedia de la vida» (*Filebo* 50b3). Según afirma Wersinger, el φθόνος puede considerarse la mejor ilustración para aclarar la noción de ἄπειρος, lo ilimitado, en tanto que constituyente de la realidad entera y de las pasiones humanas: «En comprenant le mélange complexe et infini de l'envie, on comprend toutes les autres passions» (Wersinger, 1999: 332).

4. Reírse de la ignorancia,
¿una posible referencia a la poesía aristofánica?

El tratamiento socrático de la ignorancia es presentado como necesario para entender el oscuro vínculo entre el ridículo y el dolor, vínculo que lo es también entre el ridículo y la injusticia o la maldad. La ignorancia, según lo indicado, queda dividida en primera instancia en tres clases que conviene ahora aclarar más detalladamente. En primer lugar, la ignorancia de los muchos [πολλοὶ], que creen tener más cosas o posesiones [χρήματα] de las que realmente tienen; en segundo lugar, la de los que aún son más [πλείους], que creen ser más grandes y más bellos [μείζους καὶ καλλίους αὐτοὺς δοξάζουσι] en relación con las cosas del cuerpo [κατὰ τὸ σῶμα] de lo que verdaderamente son; finalmente, el de la gran mayoría [πολὺ δὲ πλεῖστοί], que se equivoca [διημαρτήκασιν] en relación a su propia alma [ἐν ταῖς ψυχαῖς], creyéndose mejores de lo que son con respecto a la virtud [ἀρετῇ δοξάζοντες βελτίους ἑαυτούς] y, entre las virtudes, sobre todo con respecto a la sabiduría [σοφία][6]. Estas tres formas de ignorancia, insiste Sócrates, pueden ser designadas un mal[7]. Como ha observado Benardete (1993: 205), sorprende que Sócrates no haga referencia a la ignorancia en relación con la justicia y la injusticia; esto, según el americano, tiene que ver con la naturaleza del *Filebo*, en el que Sócrates «has been put by Plato in the difficult position of arguing against pleasure without any of the weapons with which his discovery of political philosophy might have furnished him» (1993: 90).

En todo caso, según lo referido, a la tripartición de la ignorancia le sigue una bipartición. Esta nueva división es necesaria, afirma Sócrates, si queremos captar la extraña mezcla de placer y dolor propia de la «malevolencia infantil» [παιδικός φθόνος][8]. Esta noción, de difícil traducción, une los conceptos de παιδικός y φθόνος, dando al conjunto un sentido de mezcla y combinación entre algo placentero (el juego o el divertimento) y algo doloroso (φθόνος, en tanto que dolor del alma), lo que coincide con la primera definición ofrecida en 48b6-8 y, además, lo cual permite pensar en la relación entre este sentimiento y la comedia. Cerasuolo (1996: 181) ha puesto de manifiesto que cuando aparece el παιδικός φθόνος, placer y dolor aparecen invertidos por primera vez (49a8) y que si hasta aquí Platón ha puesto el énfasis en el dolor del φθόνος, a partir de ahora analizará el placer que se le vincula. Como ya hemos visto anteriormente, la nueva división separa a los ignorantes fuertes y poderosos [ῥώμην ... καὶ δύναμιν] de aquellos que son débiles y sin poder [ἀσθενείας ... καὶ ἀδύνατοι], indicando que los primeros son temibles y odiosos [φοβεροὺς καὶ ἐχθροὺς], mientras que los segundos, al ser ridiculizados, son incapaces de vengarse. Así, la ignorancia en manos de los fuertes es odiosa y vergonzosa [ἐχθρά τε καί αἰσχρά], perjudicial [βλαβερά] para los otros [τοῖς πέλας], tanto por sí misma, concluye Sócrates, como por sus imágenes [εἰκόνες].

Fijémonos en que la introducción del juego entre amigos y enemigos nos sitúa de lleno en el ámbito relacional de la vida humana, elemento que se encuentra casi ausente en el presente diálogo. No resulta fácil ni evidente, sin embargo, determinar quiénes pueden ser aquí los enemigos o los amigos a los que Sócrates se refiere. Como ha observado Benardete (1990: 207), la distinción entre la ignorancia y sus imágenes podría perfectamente referirse a la distinción entre la ciudad y la poesía cómica. La referencia podría ser, por tanto, a la figura de Aristófanes y específicamente al hecho de que la imagen de Sócrates que el poeta nos transmite termina siendo mortal, pero no por sí sola, sino únicamente a través de la acusación de Meleto, es decir, de la ciudad (Cf. *Apología* 18d2-4). La pregunta es, pues, hasta qué punto la poesía, y específicamente la poesía cómica, puede ser fuerte y vengativa, y si esta lo puede ser por sí misma o si requiere de la ciudad. Es muy posible que Platón nos esté sugiriendo que Aristófanes habría visto a Sócrates como ignorante respecto de una determinada sabiduría, pero también como alguien inofensivo o incapaz de venganza; y, para complementar la descripción socrática que encontramos en el *Filebo*, debería pasar también que Aristófanes hubiese considerado a Sócrates como un amigo[9]. Por otro lado, a través del diálogo, Platón estaría indicando la injusticia que se oculta bajo la ridiculización de Sócrates en las escenas de la comedia aristofánica. Si esto fuese así, debería repensarse con detenimiento el valor de la descripción socrática de la comedia, reflexionar acerca de si su propósito es criticar la comedia aristofánica en particular o si, más bien, pretende describir la naturaleza de los sentimientos humanos, de las mezclas de placer y dolor que se encuentran en la mayoría de nuestras experiencias. Wersinger parece decantarse por la primera de las opciones, considerando que Platón se refiere a lo largo del pasaje al hecho de que el teatro perjudica y contamina la sensibilidad misma, tal y como se expone en *República* 606a y ss., donde se afirma que el teatro transforma el más sabio de los espectadores en alguien vergonzoso y ridículo (1999: 327).

5. El reírse de la ignorancia en la acción dramática del diálogo

Para terminar este recorrido por el argumento socrático sobre la comedia, veamos ahora cómo el ridículo y la ignorancia aparecen relacionados en la misma escena del diálogo, lo cual permite captar las mismas cuestiones tratadas anteriormente en lo referente al arte de la escritura platónica. Efectivamente, en la acción dramática del diálogo encontramos ejemplos de las tres formas de ignorancia que Sócrates ha mencionado previamente. En todas ellas no solamente aparece la ignorancia, sino también el ridículo y, de forma más oculta, la naturaleza amistosa o no amistosa que une a los interlocutores del *Filebo*. Adviértase que para evitar alargar la cuestión en demasía, nos centraremos solamente aquí en la presencia en el texto platónico de la tercera de las formas de ignorancia, la relativa a la sabiduría[10].

Repasando el argumento del diálogo se aprecia que tanto Protarco como Filebo creen saber algo que no saben. Concretamente, creen saber con certeza que el bien se identifica con el placer (cf. 13b-c) y que una vida llena de placeres ilimitados es la mejor de las vidas (cf. 27e). Ambos caen en el error, como Sócrates mismo indicará, de determinar unidades más deprisa de lo que conviene (cf. 17a1-2); en ambos son manifiestas la incapacidad de dividir y una forma simple y pueril de determinar unidades, lo cual, como el propio Sócrates dejará claro, conduce a ser refutado de forma ridícula [ἐλέγχῃ καταγελῶν; cf. 14e3]. Sócrates intentará por todos los medios introducir la manera dialéctica de pensar y tratar con los problemas, frente a la tendencia erística de Protarco y Filebo, que persiguen esencialmente la victoria de su candidato: «no luchamos —afirma Sócrates— precisamente por la victoria [φιλονικοῦμεν], para que lo que yo sostengo eso sea lo que gane, o lo que tú, sino que ambos, debemos luchar conjuntamente por lo más verdadero» [τῷ δ' ἀληθεστάτῳ δεῖ που συμμαχεῖν] (cf. 14b5-6). Además, esta lucha conjunta en la que consiste la dialéctica manifiesta, a través del filtro de la reflexión sobre la ignorancia y el ridículo que estamos haciendo aquí, otro rasgo importante: el hecho de que Sócrates no se dedique a ridiculizar a sus contrincantes, aunque estos manifiesten claramente diversas formas de ignorancia y, entre ellas, la más extendida de todas, aquella relativa a la sabiduría en las cosas del alma.

Esta actitud de Sócrates, así como el modo en el que Platón introduce en la escena del diálogo elementos que describen la comedia, puede apreciarse a partir de dos ejemplos. En 19a-b Protarco afirma sentirse ridículo por no saber dividir las formas del placer tal como Sócrates le pide; sostiene que sería ridículo que, habiéndose hecho él mismo responsable del discurso que Filebo ha abandonado, ahora no fuese capaz de responder a Sócrates (*Filebo* 19a6), pero que aún sería más ridículo (*Filebo* 19a8) si ni él ni Filebo supieran responderle. Frente a esto, Sócrates salvará a Protarco de su ridículo —al menos provisionalmente—, pues afirma que ya no es necesario dividir las formas del placer, gracias a un recuerdo divino que ha «oído antaño, en sueños o despierto», según el cual la mejor de las vidas es más cercana al entendimiento que al placer (*Filebo* 20b-c). El acto benéfico de Sócrates, sin embargo, no encuentra respuesta en el comportamiento de Protarco, ya que este afirma en tono amenazante que ni él ni los que están con él dejarán marchar a Sócrates hasta que concluya la argumentación (*Filebo* 23b5-8). Por su parte, Sócrates manifiesta explícitamente sentirse ridículo mientras está dividiendo todo en cuatro géneros: «Pongamos, pues, esos dos géneros y como tercero uno mixto de esos dos. Mas soy yo, por lo que parece, un individuo ridículo al separar morosamente los géneros y al enumerarlos» (*Filebo* 23d1-3).

Los pasajes mencionados muestran, de forma clara, que Protarco evita el ridículo, mientras Sócrates se enfrenta a él. Protarco teme el ridículo de no saber lo suficiente sobre lo que él defiende como forma de vida (sintiendo en este sentido vergüenza frente Sócrates, Filebo y el auditorio) y pide a Sócrates auxilio. Sin embargo, él mismo había afirmada, unas líneas más arribada, que el conocimiento de uno mismo es prioritario respecto al conocimiento del todo (*Filebo* 19c1-4), presuponiendo con esta afirmación que su vida (una vida de placeres) debe poder ser explicada en primer lugar. La enseñanza socrática es que necesitamos buscar el lugar de las cosas en el todo donde estas se ubican y que debe hacerse así pese a que no tengamos la certeza de acertar. Y, por tanto, que hay que realizar dicha tarea a pesar de saber que haciéndolo nos convertiremos en ridículos y, añadimos ahora, como hemos dicho antes, objeto de φθόνος. El mensaje socrático pareciera que fuese el siguiente: cuando aquello que está en juego es algo fundamental para la vida humana, vale la pena presentarnos como ridículos y como objeto de malevolencia. Frente a Protarco, Sócrates muestra tal actitud ante el ridículo, con valentía y dándole una lección que aquel no parece estar captando.

Otra posible enseñanza del dialogo (y de la manera dialéctica de proceder) se encuentra, según indicamos, en el motivo por el que Sócrates, a pesar de tener sobradas razones para ridiculizar a Protarco, no lo hace o, en todo caso, no lo hace de forma explícita y clara. Una posible respuesta a esta pregunta sería que la dialéctica, como acabamos de indicar, es una lucha conjunta y amistosa hacia la verdad en la cual la ridiculización no tiene un papel destacado o incluso debe ser evitada. Así, la forma socrática de tratar los problemas no perseguiría (como sí que perseguiría, por ejemplo, la forma aristofánica) generar la risa en el auditorio, es decir, en el lector. Esta posibilidad, sin embargo, encontraría serias dificultades para ser defendida si observamos el conjunto del *corpus* platónico, e incluso alguna de las escena iniciales del *Filebo*. La segunda posible razón de la no ridiculización de los personajes del diálogo pasaría por la comprensión del argumento socrático relativo a la ignorancia de los débiles y los fuertes que anteriormente hemos explicado. En este sentido, podríamos pensar que la razón por la que Sócrates no ridiculiza a Protarco y Filebo en la escena del diálogo es a causa de que constituyen personajes que no son amistosos, sino enemigos peligrosos y vengativos. Enemigos que, por otra parte, forman parte de la ciudad o, si queremos, son una representación de la ciudad. Una ciudad que, en este caso, defiende el hedonismo como forma de vida.

A favor de esta segunda posibilidad, hallamos diversos argumentos extraídos de la escena del diálogo, en la que las amenazas vertidas contra Sócrates se repiten varias veces. Efectivamente, Sócrates ha sido explícitamente amenazado [συνεπιθώμεθα; cf. 16a6] por parte de Protarco, Filebo y el mocerío restante, a causa de haber criticado la forma en la que los jóvenes juegan con los discursos, creyéndose en posesión de un tesoro y dejándose a sí mismos y al resto en la más absoluta perplejidad (*Filebo* 15d-16b). Más adelante, Sócrates afirma explícitamente que ha tenido miedo (cf. 20b3). Otra prueba de esta situación de amenaza es el hecho de que Sócrates, hacia la clausura de la obra, pregunta si después de finalizar su argumento le permitirán volver a casa (*Filebo* 50d-e; cf. 19d8-e4). El diálogo platónico se nos presenta, por tanto, desde la perspectiva de su acción dramática, como un diálogo en el que Sócrates permanece bajo la amenaza y la coacción y, por tanto, frente a unos interlocutores que podrían ser temibles y frente a los cuales, como hemos indicado, no cabría el ridículo, sino el odio.

6. *Conclusiones*

Se ha mostrado como la complejidad del argumento socrático es susceptible de ser interpretada bien a partir la escena del diálogo —mostrando una vez más la importancia de atender a la escena dramática— bien a través de la secuencia argumentativa; además, se ha señalado la necesidad aunar ambas lecturas, a fin de alcanzar una interpretación adecuada de los textos platónicos. Hemos visto como el tratamiento socrático de lo cómico en el *Filebo* se presenta desde una perspectiva concreta y restringida, pues se refiere al reír y al ridículo, en el sentido en que estas formas o expresiones humanas representan una mezcla de placer y dolor en el contexto de la comedia. No diríamos que Platón (o Sócrates) esté criticando en general el ridículo o reírse, sino una forma particular de reírse y de ridículo, que aparece en la comedia y, muy posiblemente, en la comedia aristofánica. La oscuridad del sentimiento cómico nos remite, según se indicó, a cierta injusticia manifestada en el reír cómico, cierta injusticia frente a la ignorancia de los amigos.

El argumento socrático logra realizar algo extraordinario y a lo que ya nos tiene acostumbrados el arte de la escritura platónica. Consigue mostrar la dimensión política o relacional de la vida humana, observando y analizando una experiencia profundamente enraizada del alma humana. Efectivamente, aunque el argumento sobre lo cómico empiece como una explicación del caso más oscuro y difícil en relación a las mezclas de placer y dolor en el alma, es precisamente ahí donde se manifiestan elementos propios de la vida ciudadana. Esto resulta más relevante si cabe en el contexto de un dialogo que, como indica Benardete (1993), se estructura sin las armas y los conceptos propios de la filosofía política platónica, un dialogo que se centra en el ser humano y sus dimensiones más intrínsecas e íntimas.

Como se señaló al inicio de este escrito, en la buena vida que describe el diálogo no parece haber sitio para la comedia o, en todo caso, para la risa cómica frente a los amigos ignorantes, aquella en la que se comete una injusticia. La buena vida que describe el diálogo debe parecerse, más bien, a una vida filosófica, donde la risa y lo ridículo tienen un espacio y una relevancia indudables, que se manifiestan, en primera instancia, a través de la escritura platónica. En esta forma de expresión, que pretende superar la comedia y la tragedia, lo ridículo está al servicio de la dialéctica como búsqueda conjunta de la verdad. Al mismo tiempo, la filosofía se muestra consciente de los peligros de ridiculizar la ciudad y también de la ridiculización que la poesía hace de la filosofía.

Notas

1 Para un análisis del conjunto del dialogo, véase Torres (2012); para el pasaje comentado, véase Torres (2013).

2 Sobre la clasificación y discusión relativa a los falsos placeres en el *Filebo*, véanse Bravo (2003) y Frede (1997: 222-341).

3 En concreto, Sócrates emplea un ejemplo extraído de *Ilíada* XVIII 108-109, donde Aquiles, hablando con su madre Tetis, expresa la cólera (a diferencia del texto del *Filebo* allí encontramos χόλος) de los hombres y la suya propia contra la guerra, Agamenón y Héctor, a manos del que ha muerto su querido amigo Patroclo, a quien él mismo había enviado a la guerra.

4 La mejor traducción es posiblemente la alemana de Frede: «Schadenfreude»; la traducción inglesa de Gosling (igual que hace Frede en su versión inglesa) es «malice»; Pradeau traduce como «envie», igual que Benardete. Sobre el concepto de φθόνος véase Milobenski (1964) y Brisson (1996: 41-59).

5 La distinción entre amigos y enemigos se reitera en diversos sitios del *corpus* platónico, como en *República* (332b-d), donde es posteriormente refutada (335 y ss.).

6 Encontramos una tripartición parecida en el *Alcibíades* (127e-128d y 133d-e), el *Gorgias* (476a-479e) o las *Leyes* (III 697b2-c2). Por otra parte, en la *República* se afirma que lo único verdaderamente ridículo es el mal y la falta de inteligencia [ἄφρων] (452d6-e1).

7 Como ha observado Wersinger (1999: 316), en el tratamiento del ridículo, la ignorancia y la malevolencia Sócrates hace aparecer de forma estratégica el concepto de mal, defecto o deformidad [κακός], el cual adquiere significaciones diversas en sus ocho apariciones (cf. 48b11, 48c2, 49a5, 49d3, 49d9, 49e6, 50a2).

8 Frede traduce como «malicia cómica», vinculando así φθόνος y comedia; nos parece más acertada la aproximación de Benardete, que la traduce como «resentimiento infantil», separándose así de su traducción original de φθόνος como envidia. Cerasuolo (1993: 181) sostiene que el παιδικός φθόνος es el mismo que el ἐπιχαιρέκακος del vocabulario aristotélico, que también confiere un carácter placentero a la malevolencia (cf. *Ética a Ncómaco* II 6 1107 a 10-15 y II 7 1108 b 1-6). El problema de la interpretación de Cerasuolo es que no consigue aclarar la razón por la que Platón emplea en el *Filebo* el término φθόνος en lugar de ἐπιχαιρέκακος.

9 Strauss (1966: 5) se refiere a la posible amistad entre Sórates y Aristófanes en los siguientes términos: «Far from being an enemy of Socrates, Aristophanes was his friend, but somewhat envious of his wisdom –even of the wisdom of the young Socrates. Or as one may also say, the primary object of the comic poet's envy was not Socrates' wisdom but his sovereign contempt for the popular applause on which the dramatic poet necessarily depends, or Socrates' perfect freedom».

10 Véase con respecto a la primera forma de ignorancia el caso de anticipar el placer de verse rodeado de oro (cf. 40a6-10); con respeto a la segunda forma, resulta muy relevante la belleza de Filebo (cf. 11c8) y del placer mismo, el cual se ve afectada justamente por la crítica socrática (cf. 23a4).

Referencias bibliográficas

BENARDETE, S., *The tragedy and comedy of life. Plato's* Philebus, University of Chicago Press, Chicago 1993.

BRAVO, F., *Las ambigüedades del placer. Ensayo sobre el placer en la filosofía de Platón*. International Plato Studies 17, Sankt Augustin 2002.

BRISSON, L., «La notion de *pthonos* chez Platon», *Réflexions contemporaines sur l'Antiquité classique*, 18, 1996, pp. 41-59.

CERASUOLO, S., «La trattazione del Comico nel Filebo» en Cosenza, P. (ed.), *Il «Filebo» di Platone e la sua fortuna. Atti del convegno di Napoli* (4-6 novembre 1993), Instituto Universitario, Napoli 1996, pp. 173-190.

FREDE, D., *Platon Werke Übersetzung und Kommentar*, Band III 2. Vandenhoeck & Ruprecht, Göttingen 1997.

MILOBENSKI, E., *Der Neid in der griechischen Philosphie*, Harrassowitz, Wiesbaden 1964.

ROSEN, S., «The problem of sense perception in Plato's *Philebus*», en Rosen, S. (ed.) *Metaphysics in Ordinary Language*, Yale University Press, New Haven & London 1999, pp. 81-101.

STRAUSS, L., *Socrates and Aristophanes*, University of Chicago, Chicago 1980.

TORRES, B., «A tragédia e a comédia, as letras grandes em que está escrita a alma humana. Comentario do *Filebo* 47d8-50e10», en Caeiro, A. & Carvalho, M. J. (eds.) *Incursões no Filebo*, Fundação Engenheiro António de Almeida, Porto 2013, pp. 383-424

TORRES, B. *Raó, plaer i bona vida en el* Fileb *de Plató*, tesis doctoral, Universitat de Barcelona, Barcelona 2012 [http://hdl.handle.net/2445/41715]

TULLI, M. «Weak ignorance: the *geloion* from the scenes of Aristophanes to the dialogue of Plato», en Dillon, J. & Brisson, L. (eds.) *Plato's* Philebus. *Selected papers from the eight Sumposium Platonicum*, Academia Verlag, Sankt Augustin 2010, pp. 237-242.

WERSINGER, A-G., «Comment dire l'envie jalouse? *Pthonos* et *apeiron* (*Philèbè*, 48a-50b4)» en M. Dixsaut (ed.), *La Fêlure du plaisir. Études sur le Philèbe de Platon.* vol. 1, Vrin, Paris 1999, pp. 315-336.

XII. Broma, sentido del humor y argumento en Platón*
Marcelo D. Boeri

1. Platón: genio literario y filosófico

Es un lugar común recordar que Platón no sólo fue un genio literario, sino también filosófico. Pero cada vez que uno se pone a traducir un texto platónico del griego y a intentar reconstruir la belleza literaria de sus escritos y a presentar sus argumentos del modo más preciso posible no puede sino volver a recordar que no está demás repetir esa perogrullada: Platón fue un genio literario *y* filosófico. En el pasado he discutido esos dos aspectos del genio platónico y he hecho notar la relevancia que, al menos en algunos casos, puede tener algún giro literario para la comprensión del problema filosófico que Platón está procurando dilucidar en el contexto del «drama» que es cada diálogo. En este ensayo me propongo regresar a esa idea, pero poniendo especial énfasis en algunos pasajes en los que una humorada resulta importante no sólo para el

---

* Este texto revisita, amplía y desarrolla algunas ideas y argumentos que presenté antes en Boeri (2009, 2012 y 2016). Quiero agradecer a los editores de este volumen por su invitación a participar del proyecto. Este artículo es un resultado parcial del proyecto Fondecyt 1150067 (Chile).

desarrollo dramático del diálogo, sino también para el progreso del argumento[1]. Además, sugeriré que Platón (mayormente a través de su vocero Sócrates) con cierta frecuencia propone tesis radicales de un modo que parecen ridículas o risibles para sus eventuales interlocutores, pero que detrás de la manera humorística de presentar un problema hay algo muy serio que se propone debatir. A modo de ejemplo, se podría recordar un pasaje central del *Fedón*, en el que Platón distingue la noción de causa como «aquello sin lo cual no» y como causa «en sentido estricto». La crítica del personaje Sócrates a las explicaciones mecanicistas, ancladas únicamente en cosas físicas, reside en el hecho de que tales explicaciones descuidan las *verdaderas* causas (98d-e: τὰς ὡς ἀληθῶς αἰτίας), siendo tales causas «cosas» inmateriales: dado que los atenienses *pensaron* que era mejor condenar a Sócrates, que permaneciera en prisión y que fuera ejecutado, también él lo *pensó* así. Lo que claramente quiere mostrar Platón en este pasaje es que Sócrates no está en prisión, sentado en su cama o caminando por su celda, porque tiene huesos, nervios o músculos, sino porque *cree* que lo mejor es estar ahí y respetar su sentencia luego del juicio (la creencia es una «cosa» psicológica y, por ende, algo inmaterial en el mapa ontológico de Platón). Pero en medio de este refinado argumento y del dramatismo propio de los últimos momentos de la vida de Sócrates, éste no tiene mejor idea que gastar una broma respecto de su situación y decir que, si fuera por sus tendones y huesos, ellos ya estarían en Megara o en Beocia, movidos por su propio juicio de lo que es mejor (99a: ὑπὸ δόξης φερόμενα τοῦ βελτίστου). Es decir, si dependiera de su propio cuerpo, éste ya habría considerado que lo mejor era huir de la cárcel y ya se encontraría muy lejos de Atenas, de modo de no ser ejecutado[2]. El pasaje es interesante para advertir la manera en la que Platón usa el humor como un catalizador de un momento de cierta tensión emocional.

El ensayo procederá de la siguiente manera: en el segundo apartado presento varios ejemplos de «bromas serias» que pueden encontrarse en diálogos de distintas épocas de la producción filosófica y literaria de Platón. Si lo que argumento en esa sección es razonable, resultará evidente que la estrategia de combinar una broma con un tema serio es un recurso que aparece tempranamente en Platón y que nunca desaparece, probablemente, porque es un modo de debatir una cuestión en un tono amigable entre personas que no están compitiendo por ganar la discusión, sino que están interesadas en dar con la verdad. Es cierto que, como haré notar, hay algunas bromas que pueden resultar un poco pesadas para quien sirve de «objeto de broma»; pero con frecuencia Platón se encarga de moderar el impacto de esas humoradas, de manera que la persona no quede irremediablemente herida y el debate dialógico pueda avanzar[3]. Finalmente, en el tercer apartado presentaré algunas observaciones conclusivas e intentaré hacer plausible la idea de que Platón puede estar usando la broma o la burla como recurso correctivo. En ese marco argumentaré que el uso de la burla por parte de Sócrates[4] respecto de sus eventuales interlocutores tiene una especie de «carácter correctivo», cuyo propósito es neutralizar la arrogancia epistémica, pues cuanto más presuntuoso es un interlocutor, más aguda e hiriente puede ser la burla[5].

2. Lo ridículo, lo absurdo y la seriedad de una broma

En una cantidad importante de diálogos Sócrates es el personaje principal; de hecho, es quien hace las preguntas más difíciles y pone las objeciones más demoledoras a las respuestas que se dan a esas preguntas. Los detalles de la personalidad de Sócrates, tal como los describe Platón en sus diálogos, pueden ser un buen comienzo para lo que me propongo discutir aquí. Desde la Antigüedad fue proverbial la «rareza» o «extravagancia» [ἀτοπία] socrática; la extravagancia de Sócrates consiste en su modo extraño, raro, absurdo e incluso ridículo de plantear problemas, de poner objeciones, de replicar continuamente a las respuestas que dan sus interlocutores, de poner en duda las creencias habitualmente aceptadas como algo indudablemente cierto (cf. *Gorgias* 494d-e. Para una discusión de la extravagancia socrática véase también Cleary, 2013a: 70). Esa imagen de Sócrates es la que ofrece el personaje Alcibíades en su célebre discurso en uno de los pasajes centrales del *Simposio* de Platón: una persona como Sócrates es tan extraña, tanto él mismo como sus argumentos, que nadie podría acercársele a no ser que uno lo compare, no con un hombre, sino con los sátiros y silenos. Sus argumentos «son parecidísimos a los de los silenos que se abren» [ὁμοιότατοί εἰσι τοῖς σιληνοῖς τοῖς διοιγομένοις], y son «completamente risibles» (o «graciosos»: γελοῖοι). Sócrates menciona burros de carga, herreros, zapateros y curtidores, y siempre parece estar diciendo lo mismo con las mismas palabras, de modo que cualquier persona inexperta y sin inteligencia podría reírse de sus argumentos (una observación muy similar se encuentra en *Gorgias* 490e-491b). Sin embargo, quien los haya visto y haya penetrado en su interior, encontrará que son los únicos argumentos que tienen sentido [νοῦν ἔχοντας], que «son los más divinos y que dentro de ellos poseen múltiples estatuas de virtud [ἀγάλματ' ἀρετῆς]»; son argumentos que se refieren «a todo lo que conviene examinar a quien va a ser una persona meritoria [καλῷ κἀγαθῷ ἔσεσθαι]» (Platón, *Simposio*, 221d1-222a6; mi traducción).

Alcibíades, el alocado aristócrata y guerrero, el político incorregible que negocia con todos los bandos, el que está perdidamente enamorado de Sócrates, se propone mostrar que, cuando uno se dispone a escuchar sus argumentos al comienzo se le presentan como extremadamente risibles, ridículos o «graciosos» [γελοῖοι, 221e2]. Las palabras y expresiones están revestidas como por una piel de sátiro insolente; el hecho de que Sócrates hable de cosas triviales hace que una persona inexperta y que carece de cierta penetración intelectual [ἄπειρος καὶ ἀνόητος ἄνθρωπος, 221e6] se ría de las explicaciones socráticas como si únicamente fueran una broma. Pero el talentoso Alcibíades no podía sino advertir que Sócrates, detrás de ese velo de sátiro insolente, está diciendo algo importante.

Si uno se queda en el puro chiste inicial, que muestra a Sócrates como un individuo ridículo que habla todo el tiempo de temas vulgares, seguramente no comprenderá lo que quiere decir. Como lectores de los diálogos platónicos, podemos advertir que Platón está todo el tiempo haciéndonos «chistes serios» a través de sus voceros (los personajes de sus diálogos), es decir, bromas que esconden un fondo que debe tomarse en serio. Si no se lo hace, no se percibe la razón de la broma ni por qué una chanza, aparentemente inocente, puede ser tan útil en el contexto dramático y filosófico en el que se describe una conversación vívida entre personas que, a pesar de los chistes, están tratando cosas serias.

Si uno se concentra en este tipo de pasajes, advierte que hay una intención explícita por parte de Platón de poner las cosas en un tono humorístico[6]; pero no se trata de una mera chanza para divertir a quienes escuchan el diálogo entre dos interlocutores (me refiero a los habituales testigos silentes de los diálogos de Platón que con cierta frecuencia presencian las conversaciones sin intervenir). Puede ser mucho más que eso y con frecuencia, creo que, de hecho, lo es. Muchas veces esas bromas son implícitas; piénsese, por ejemplo, en el modo en el que Platón recurre a una broma implícita en su primera refutación a Protarco, el aprendiz de hedonista burdo, en el *Filebo* de Platón[7]. El argumento (cuyo propósito es mostrarle a Protarco que la tesis de que el bien se identifica con el placer *a como dé lugar* no es sostenible) puede articularse así: (i) Protarco sostiene que no necesita más que del placer corpóreo si ya tiene eso por completo. (ii) Pero Sócrates objeta que, de algún modo, precisaría de inteligencia, sabiduría, cálculo y de todo lo que es afín a ello. (iii) Protarco se niega a admitir esto ya que, sostiene, «podría tener todo» si disfruta del goce de los placeres. (iv) Sócrates hace que Protarco reconfirme su tesis: «si vives así, ¿podrías disfrutar siempre durante tu vida de los más grandes placeres?». E ingenuamente Protarco responde: «¿¡Por qué no habría de poder!? [21a10: Τί δ' οὔ;] (mi traducción). Hay una hábil maniobra que lleva a cabo el experto Sócrates: la respuesta categórica de Protarco (inducida por Sócrates) hace que éste quede comprometido a un punto del cual ya no hay regreso: el «¿¡por qué no habría de poder!?» de Protarco no deja ninguna duda de que con disponer del disfrute de los placeres le basta para vivir no sólo una vida humana, sino probablemente la *mejor* vida humana. Pero (v) Sócrates hace notar ahora que si Protarco no posee cálculo racional, recuerdo, conocimiento u opinión verdadera, se verá privado de varias cosas: sin opinión verdadera no puede opinar o creer que disfruta cuando está disfrutando. Si carece de recuerdo, no podrá recordar que en algún momento estaba disfrutando. Por último, si Protarco está privado de cálculo, no le será posible calcular que disfrutará en el futuro. Ahora bien, si se encuentra privado de todas esas capacidades cognitivas, se sigue (vi) que vive no una vida humana, sino la de un molusco o la de los animales marinos que viven en conchas. Pero ese tipo de vida no es elegible para un ser humano que no puede sino evocar lo que ha vivido y calcular lo que quiere vivir en el futuro.

Sin rodeos Protarco confiesa que el argumento lo ha dejado sin habla («afásico»; *Filebo* 21d4-5: Εἰς ἀφασίαν παντάπασί με ... οὗτος ὁ λόγος ἐμβέβληκε τὰ νῦν). Si uno se representa la situación como si la estuviera viviendo en primera persona el contexto dramático adquiere un significado diferente (mucho más intenso y emotivo), pues no puede más que imaginar lo abrumado que ha quedado el inicialmente arrogante Protarco que creía saber, sin ninguna duda, que el bien podía identificarse con el placer (o con la satisfacción del deseo) a como dé lugar. Sócrates desde luego advierte esto y no tiene mejor idea que decirle: «no nos *ablandemos* [*Filebo* 21d6: μαλθακιζώμεθα][8], sino que, cambiando a la vida del intelecto, inspeccionémosla». El pasaje tiene una enorme intensidad dramática; la broma implícita de Sócrates puede tener el propósito de distender el momento y ayudar a Protarco a que recupere un poco de su confianza perdida. Pero desde la perspectiva filosófica también puede leerse como un recurso útil para neutralizar la arrogancia epistémica a la que el joven Protarco estaba sujeto al comienzo de la discusión. Si esto es razonable, debe seguirse que una broma puesta en medio de un debate filosófico puede servir a dos propósitos complementarios: hacer que el interlocutor recobre una moderada confianza que le permita continuar debatiendo y, a la vez, mostrar que esa actitud de arrogancia epistémica (que disponía a Protarco a creer sin mayor análisis que con la sola posesión del placer le bastaba para gozar de una cierta prosperidad vital) no resulta suficiente para examinar la manera en la que una persona es capaz de desarrollar su vida de un modo racional. Es claro que el argumento socrático *no* prueba que el bien es la sabiduría o las distintas capacidades intelectuales que ha mencionado Sócrates como los candidatos más razonables para ser identificados con el bien o la vida buena. Lo que el argumento muestra es que sin tales capacidades como *condición necesaria* ni siquiera se podría postular la posibilidad de que el placer sea el bien. Si opinión verdadera, recuerdo y cálculo racional, que forman parte de los candidatos socráticos que aspiran a ser el bien, son al menos condición necesaria del placer, se muestra que sin ellos el placer no es posible. Y si esto es así, la tesis inicial de Protarco (que con la sola posesión de placeres sensuales le bastará para tener una vida buena), queda demolida.

Ahora quiero centrarme en algunos ingredientes dramáticos del pasaje que he esquematizado arriba (cf. i–vi) y que tienen una relación aún más directa con el tema de este ensayo. Lo primero que hay que hacer notar es la confianza (y, como ya he adelantado, en cierto modo, *arrogancia*) exagerada de Protarco al comienzo de la conversación que termina con su estado de «afasia»: luego del primer debate dialéctico con Sócrates se encuentra tan abrumado que no puede hablar. Se trata de una actitud relativamente habitual en algunos interlocutores de Sócrates que al comienzo de la discusión están completamente seguros respecto de su supuesto saber y, luego del debate dialéctico, advierten que en realidad esa confianza (que, en rigor, constituye un cierto tipo de arrogancia epistémica) carecía de fundamento. Desde luego, no es que no se pueda defender el hedonismo como tesis filosófica, pero la actitud inicial de Protarco a este respecto muestra una cierta naturalidad y evidencia sobre un tema que requiere examen y justificación (algo que, al menos hasta ese momento, Protarco aún no ha advertido). Lo que me interesa indicar es que hacia el final del argumento, un poco en serio y un poco en broma, Sócrates llama a Protarco «molusco», tal vez pensando en «almejas» u otros «animales blandos» (Platón dice, de un modo más refinado, «animales marinos que viven en conchas»), las criaturas más estúpidas de la naturaleza, según Platón (*Timeo* 92b-c). Es como si Sócrates le estuviera diciendo a Protarco: «¡oye, no seas molusco, no seas almeja!», que es como decirle «¡no seas estúpido, si careces de opinión, memoria y cálculo no puedes saber qué es el placer o el bien!».

Este notable pasaje del *Filebo* que acabo de discutir tiene un interesante paralelo en el *Gorgias*, un texto en el cual se examina de un modo sistemático (tal vez por primera vez) la posibilidad de identificar el bien con el hedonismo burdo. Volvamos por un momento a la extrañeza o absurdidad de Sócrates. En varios pasajes de los diálogos los personajes que están debatiendo con Sócrates tienen una cierta tendencia a descalificar lo que éste dice porque parece tan absurdo o ridículo que no es posible tomarlo en serio. Pero es probable, sugiero, que Platón esté haciendo un uso consciente de esa supuesta ridiculez al proponer tesis que sin duda resultan absurdas, ridículas o risibles al sentido común que no hace el esfuerzo de entender lo que Sócrates quiere decir (tesis como «quien comete un crimen y no es castigado por su crimen es desdichado»).

La posición ingenua de descalificar lo que uno no comprende la describe magistralmente Platón en la actitud del sofista Calicles en la tercera parte del *Gorgias*: la tesis del sofista es que quien tiene una cantidad de apetitos (como hambre, sed, etc.) y es capaz de satisfacerlos vive una vida feliz. A esa posición Sócrates, con su extrañeza, actitud risible e ingenuidad encubierta, replica: entonces, el que tiene sarna y siente deseos de rascarse vive feliz cuando puede hacerlo y pasar la vida rascándose. La respuesta de Calicles, absorto ante el extremo al que Sócrates ha llevado el asunto, es: «¡qué absurdo eres, Sócrates, sencillamente un orador popular!» (*Gorgias* 494c2-d1). La palabra que he traducido «absurdo» es ἄτοπος, que se pudo haber interpretado como «desubicado». Sócrates es desubicado, está fuera de lugar, es absurdo, porque parece estar bromeando todo el tiempo sobre las cosas más importantes. Pero, probablemente, lo que le pasa inadvertido a Calicles es el sentido serio de la broma de Sócrates y que, probablemente, el «absurdo» no es Sócrates, sino Calicles: si vivir una vida feliz consiste únicamente en ser capaz de satisfacer los apetitos o deseos, sería posible llevar esa explicación a este tipo de situaciones absurdas que, como tales, no calificarían como componentes de una vida feliz (i.e. rascarse la cabeza cuando a uno le pica). Aunque es cierto que las personas que sufren comezón se sienten mejor cuando pueden rascarse que cuando no pueden hacerlo, es al menos dudoso que incluso ellas crean que son *felices* (en el sentido de que están experimentando un cierto tipo de prosperidad vital) porque pueden rascarse. La vida feliz, que debe ser una vida buena en el sentido de una vida de buena calidad, también debe tener otros ingredientes (probablemente más decisivos que rascarse, como tener amigos, poder desarrollar capacidades humanas como el ejercicio de la propia racionalidad, ser capaz de planear un cierto tipo de vida que, luego de un cálculo meditado, se muestre como mejor que otro estilo de vida, etc.). La broma de Sócrates, en realidad, muestra que centrar las expectativas de una vida feliz únicamente en la satisfacción de los deseos más elementales da como resultado una incomprensión cabal de lo que es la vida humana y de lo que, eventualmente, puede ser una vida feliz en el despliegue de otro tipo de actividades que no consista exclusivamente en la satisfacción inmediata de los deseos.

Para concluir esta sección querría ahora discutir un breve, pero significativo pasaje del *Teeteto* de Platón, donde, de nuevo, éste introduce una broma que tiene una consecuencia importante en el argumento filosófico. El *Teeteto* es un diálogo decisivo en la producción platónica por varias razones: no sólo ofrece una detallada y sofisticada discusión del problema del saber o conocimiento (ἐπιστήμη; sus fuentes, su valor, la relación del objeto de conocimiento y el estado en el que se encuentra el potencial conocedor, etc.), sino que además enfatiza aspectos dramáticos y literarios que también son muy significativos para nuestra comprensión del diálogo como el método escogido por Platón para hacer filosofía. Como sabemos, la pregunta que sirve de hilo conductor a lo largo del *Teeteto* es «¿qué es conocimiento?». Teeteto, el personaje homónimo, sostiene que conocimiento o saber no es más que sensación o percepción [αἴσθησις, 151e], una tesis que es calificada por Sócrates como «nada vulgar» [λόγον οὐ φαῦλον, 151e8], ya que le evoca la posición de Protágoras («el hombre es medida de todas las cosas, de las que son que son, de las que no son que no son») y también la tesis de Heráclito («todas las cosas están en permanente cambio»). Sócrates [Platón] reformula la tesis de Protágoras en los siguientes términos: «lo que a mí me (a)parece es tal como me (a) parece, lo que a ti te (a)parece es tal como te (a)parece» (esto se ilustra con el ejemplo del viento, que parece ser más o menos frío a diferentes personas)[9]. Más tarde, Sócrates identifica «aparecer» con «sentir/percibir», de donde se sigue que apariencia y sensación son lo mismo (152c), y que si ἐπιστήμη es sensación, también debe ser «apariencia», en el sentido de lo que le (a)parece a cada sujeto. En la interpretación de Platón de la sentencia protagórea, si la sensación es relativa al sujeto que la experimenta, sus objetos son para un individuo y la propia percepción es infalible (152c5: ἀψευδές; es decir, cada individuo es el criterio de lo que *le parece* que es el caso, aunque ello no necesariamente significa que cada individuo tiene razón respecto de lo que es el caso). Dada la identidad entre la tesis «relativista» de Protágoras y la heraclítea del flujo permanente de todo, lo que uno percibe como blanco no puede ser idéntico a lo que otro percibe como blanco. Si lo fuera, «blancura» tendría una cierta estabilidad.

Platón ve muchas dificultades en la tesis de Protágoras (o en el modo en que la entiende), no sólo en cuanto a sus consecuencias teóricas, sino también prácticas. La discusión respecto de si Platón logra o no refutar la doctrina del *homo mensura* es ardua y no la reproduciré aquí. Solo sugeriré que hay una razón para pensar que, a través de la indicación de una contradicción performativa, Platón propone un nuevo argumento para refutar a Protágoras[10]: el sofista sostiene que el hombre es medida de todas las cosas, que es lo mismo que decir que posee el criterio de todas ellas en sí mismo [τὸ κριτήριον ἐν αὑτῷ], pues *cree* que las cosas son tal y como las *experimenta* [οἷα πάσχει] y, por ende, cree que son verdaderas *para sí mismo* [ἀληθῆ τε οἴεται αὑτῷ, *Teeteto* 178b5-7]. Si esto es así, también tendrá en sí mismo el criterio de lo que va a ocurrir, y esto ocurre para el que lo cree como cree que va a ocurrir. Sin embargo, si se toma el caso del calor, un lego puede creer que va a contraer fiebre; un médico, en cambio, puede creer lo contrario. Lo que va a ocurrir no puede ocurrir de acuerdo con la opinión del lego y del médico. Es más probable que el criterio de este último esté más autorizado para decidir si el paciente va a contraer fiebre o no. Siendo esto así, tanto el criterio del lego como el del médico son autoridades respecto de lo que es el caso, pero solamente el de este último es el criterio *correcto*. Siempre, entonces, el criterio de quien posee un conocimiento o saber experto es un criterio más autorizado respecto de un objeto particular que el de una persona que carece de dicho conocimiento experto. El mismo Protágoras se declaraba poseedor de un conocimiento especializado en la medida en que aseguraba que se distinguía de los demás por ser más persuasivo. Su criterio respecto de ese campo en particular, por lo tanto, debe ser más autorizado que el de otro que no posee su habilidad (cf. 178b-179b)[11].

Este argumento aparece varias páginas después de que Platón cite la tesis de Protágoras. Luego de la primera discusión más pormenorizada acerca del espinoso tema de la identidad entre «aparecer» y «ser» (entre 153a y 161b) Platón, a través de su vocero Sócrates, no tiene mejor idea que bromear acerca de la tesis protagórea y decir:

> Me complace mucho que haya dicho que aquello que le *parece* a cada uno también *es* [τὸ δοκοῦν ἑκάστῳ τοῦτο καὶ ἔστιν]. Sin embargo, me ha dejado admirado que al comienzo de su tratado [λόγος] *La verdad* no dijera [scil. Protágoras] que «el cerdo es medida de todas las cosas» o que lo es un cinocéfalo [πάντων χρημάτων μέτρον ἐστὶν ὗς ἢ κυνοκέφαλος], o cualquier otro [animal] más extravagante entre los que tienen sensación; si lo hubiese hecho, habría comenzado a dirigirnos su discurso de un modo magnífico y muy despreciativo, pues habría mostrado que mientras nosotros lo estábamos admirando como a un dios por su sabiduría, en realidad, él no era para nada mejor en inteligencia que un renacuajo... ¡ni tampoco que otro hombre! [...] Pues si para cada uno va a ser verdad lo que opina a través de la sensación [δι' αἰσθήσεως δοξάζῃ] y una persona no distingue [διακρινεῖ] mejor lo que otra experimenta [τὸ ἄλλου πάθος ἄλλος], y si uno no puede tener más autoridad para examinar si la opinión [δόξα] de otro es correcta o falsa, sino que, como se ha dicho muchas veces, cada uno sólo podrá opinar si todo lo suyo es correcto y verdadero, ¿por qué entonces, camarada, Protágoras habrá de ser tan sabio que incluso justificadamente se considere maestro de los demás a cambio de altos honorarios, y por qué nosotros seríamos más ignorantes [ἀμαθέστεροι] y tendríamos que frecuentar sus lecciones si cada uno es medida de su propia sabiduría? [μέτρῳ ὄντι αὐτῷ ἑκάστῳ τῆς αὑτοῦ σοφίας] ¿Cómo no habremos de afirmar que Protágoras dice esto para

ganarse el favor popular?¹² [...] Si *La Verdad* de Protágoras es verdadera y [él] no habló en broma desde lo más íntimo de su libro, ¿no es una enorme e inmensa tontería inspeccionar e intentar refutar las apariencias y opiniones de unos y otros [τὰς ἀλλήλων φαντασίας τε καὶ δόξας], si las de cada uno son correctas? (Platón, *Teeteto* 161c2-162a3; mi traducción).

El pasaje es de una enorme densidad, tanto desde el punto de vista teórico de la discusión del tema filosófico central (si las cosas son como a cada uno se le aparecen y, por ende, como cada uno cree o piensa, nadie está en el error) como desde la perspectiva dramática que se sirve de una broma para descalificar el enfoque protagóreo (si todo hombre es medida de todas las cosas, ¿por qué no habría de serlo un cerdo, un cinocéfalo o cualquier otro animal dotado de sensación?). La tesis del *homo mensura* tiene, en opinión de Platón, una consecuencia fatal para el sofista como maestro: si cada uno es medida de su saber, nadie puede ser maestro de otro (ya que nadie sabe más que otro); tampoco puede serlo Protágoras, con el serio agravante, según Platón, de que, como cualquier sofista, cobra altos honorarios por sus lecciones[13]. Hay al menos dos formas de entender esto: (*i*) cuando Protágoras afirma que hay una sabiduría superior, lo hace para ganarse el favor popular; (*ii*) Protágoras no es sincero cuando afirma que cada uno es medida de su propia sabiduría, pero lo hace para halagar al público que celebra sus dotes oratorias y su saber. En cualquiera de los dos casos lo que se quiere indicar es que la afirmación de Protágoras de su sabiduría superior es incompatible con su propia posición.

En las líneas finales del pasaje es relativamente obvia la proximidad semántica de «apariencia» [φαντασία] en el sentido del «aparecer» con «opinión» o «parecer» [δόξα]; en este contexto, como en muchos otros pasajes (desde 152a), Platón juega con la ambigüedad de «(a)parece» —en el sentido fisiológico de «*x* aparece o se muestra como siendo *y*»: φαίνεται– y «parece» [δοκεῖ] —en el sentido cognoscitivo de «me parece-creo que ...»—[14]. En esta línea argumental (que presupone la identidad entre aparecer y ser, identidad que Platón objeta) es claro que «apariencias» y «opiniones» son casi sinónimos. Pero en medio de este debate y del esfuerzo por comprender lo que Protágoras quiere decir y cuáles pueden ser las consecuencias de la tesis del *homo mensura*, Platón descalifica esa tesis valiéndose de una broma: si el hombre es medida de todas las cosas, por qué no habría de serlo un cerdo o un cinocéfalo, o cualquier otro animal que tenga sensación. En lo que sigue del texto Teodoro, ante la queja de Sócrates que lo acusa de ser un mero espectador y de no involucrarse de un modo activo en el debate, vuelve a rehusarse a ser parte de la conversación y de nuevo transfiere esa responsabilidad al joven Teeteto. Sócrates no pierde la oportunidad de hacer una nueva broma y llama a Teeteto «sabio» (*Teeteto* 162c1-2: ἐπὶ τὸν σοφὸν Θεαίτητον ἰτέον); la broma, de nuevo, sirve para insistir en que la tesis de Protágoras no puede ser cierta: no sólo un cerdo o un cinocéfalo sería medida de todo, sino que Teeteto, un joven aún inexperto (al menos inexperto respecto del tema que se está discutiendo en el diálogo: qué es el saber o conocimiento)[15], sería sabio (ya que nadie puede estar en la falsedad porque cada uno es medida de sus apariencias y estados sensorios), y la inteligencia del propio Protágoras no superaría la de un renacuajo (un nuevo golpe jocoso a la tesis de Protágoras).

Creo que Platón no cree que la tesis del *homo mensura* sea absurda sin más: si lo creyera no le habría dedicado tanto espacio en su discusión. Además, es obvio que Platón incorpora una importante observación que, en su opinión, parece seguirse del enfoque protagóreo: el estado en que se encuentre el sujeto percipiente no es trivial para determinar las cualidades de un objeto de percepción. Cuando uno bebe vino estando sano, le parece placentero y dulce, pero cuando lo bebe estando enfermo, tanto el sujeto enfermo como la bebida producen efectos diferentes (*Teeteto* 160c9 y ss.). Es decir, tanto lo que produce una acción como lo que la recibe son factores responsables de la producción de la percepción (como la dulzura o el amargor del vino, según sea el estado en el que se encuentra el sujeto). Dicho de otro modo, la dulzura o el amargor del vino no se dan independientemente del estado afectivo en que se encuentra el sujeto cuando bebe el vino, de donde se sigue que tanto el sujeto como la bebida han hecho al vino dulce o amargo, i.e. dichas cualidades no son propias del vino independientemente del «aparecer» el sujeto. No obstante, Platón sí cree que la tesis de Protágoras no puede ser aceptada sin más, y para mostrarlo recurre no sólo a argumentos, sino también a recursos dramáticos con efectos humorísticos toda vez que éstos resulten útiles para debilitar dicha tesis.

3. Observaciones conclusivas:
el uso platónico de la burla como recurso correctivo

Platón no tiene problema en llamar a Protágoras «renacuajo» (o en decir que tiene la inteligencia de un renacuajo, que es lo mismo). Tampoco la importa ridiculizar la tesis del *homo mensura* cuando, a través de su vocero Sócrates, burlonamente declara que está sorprendido de que Protágoras no haya dicho que un cerdo o un cinocéfalo son la medida de todas las cosas (*Teeteto* 161c). Curiosamente, está broma no es recordada por Protágoras en su defensa; más tarde Sócrates introduce una sofistería que Protágoras, molesto, recordará para mostrar que Sócrates no ha tomado en serio su afirmación de que cada cosa es como le (a)parece al que le (a)parece (*Teeteto* 165b-c). Según el argumento (que un poco en broma y un poco en serio se propone mostrar que la tesis sensista es falsa), si uno ve y no ve lo mismo al mismo tiempo, debe concluir, como hace Teeteto, que uno ve lo que no ve. Y si ver (= percibir) es saber y no ver es no saber, se sigue que el saber no es senso-percepción [αἴσθησις].

Sócrates reconoce que tal vez está siendo «grandilocuente» (*Teeteto* 163d), esto es, que se está comportando como un sofista[16]. Es Protágoras quien se queja de este modo de argumentar (166b) pues el modo correcto de argumentar no es hacer bromas o burlarse de la posición que se está discutiendo. En conclusión, lo que Platón exige a su vocero Sócrates es que se tome en serio la tesis de Protágoras, «sin hostilidad y sin afán de lucha [οὐ δυσμενῶς οὐδὲ μαχητικῶς], sino sentado [conmigo] con ánimo propicio» (*Teeteto* 168b2-4).

Hay también otra manera de entender el uso que hace Platón del humor en medio de un argumento y de la discusión de un tema intrincado: era parte de los recursos sofísticos recurrir a la risa o la burla de una tesis si no se podía refutarla (cf. Santa Cruz, 2013: 123, n. 154). En el *Gorgias* Sócrates recuerda con cierto pesar que, aunque encomió al comienzo de su conversación con Polo sus dotes retóricas (471d4: εὖ πρὸς τὴν ῥητορικὴν πεπαιδεῦσθαι), no podía decir lo mismo de sus dotes dialógicas (διαλέγεσθαι; el contraste es, claramente, entre argumento sofístico y filosófico; cf. *Gorgias* 471d4-5)[17]. En efecto, el procedimiento de Polo tiene un estilo forense, según el cual se piensa que se refuta a alguien cuando se presentan numerosos testigos (supuestamente creíbles), mientras que el que sostiene lo contrario sólo presenta a un solo testigo o a ninguno. Naturalmente, Sócrates cree que el procedimiento consistente en presentar numerosos testigos no tiene el menor valor, pues uno puede ser condenado por testimonios falsos. Sócrates solamente presenta como testigo al mismo Polo o, mejor dicho, a sus supuestas razones (*Gorgias* 471e-472c). La tesis de Sócrates es que quien obra mal y es injusto es completamente desgraciado y mucho más desgraciado si no paga la pena ni recibe un castigo por sus crímenes (*Gorgias* 472e4-7). Polo, sinceramente asombrado, sólo atina a decir que Sócrates está procurando decir extravagancias (473a1: Ἄτοπά γε, ὦ Σώκρατες, ἐπιχειρεῖς λέγειν), pues no entiende cómo podría ser desgraciado quien puede evitar ser empalado, torturado o mutilado (473c). Entonces Sócrates le advierte a Polo que, como en el caso anterior, cuando presentaba numerosos testigos, lo está asustando, pero no lo refuta (473d3). Ante la insistencia de Sócrates de que quien no es sancionado por sus crímenes es desdichado Polo comienza a reír, y Sócrates se queja: «¿Te estás riendo? ¿Acaso es también ésa otra forma de refutación [ἄλλο αὖ τοῦτο εἶδος ἐλέγχου]: ponerse a reír cuando alguien ha dicho algo, en lugar de refutarlo?» (*Gorgias* 473e2-3; trad. M.I. Santa Cruz).

Sócrates advierte que Polo, ante la imposibilidad de dar un mejor argumento, lo único que hace es reírse y burlarse, como si se tratase de un recurso refutatorio. Pero la burla no sólo no sirve como refutación de una tesis, sino que además no tiene lugar en la dialéctica tal como la entiende Platón: si el Sujeto 1 (S^1) presenta un argumento para respaldar la Tesis 1 (T^1) y S^2 da un mejor argumento para respaldar la T^2, hay una buena razón para asentir a T^2 y rechazar T^1. Mi sugerencia en este punto de detalle es que Platón, teniendo a la vista el recurso sofístico de intentar neutralizar el poder de un argumento (ante la imposibilidad de refutar dicho argumento) a través de la burla, reformula el valor de la broma, el chiste o incluso la burla para intentar modificar la creencia de un interlocutor, especialmente cuando el interlocutor obstinadamente se rehúsa a admitir el poder de un argumento mejor.

Notas

1 Como sabemos, los diálogos platónicos no son discursos serios ni acartonados, como parece seguirse de algunas traducciones decimonónicas de los textos de Platón; el carácter mismo del diálogo como estilo literario para hacer filosofía no lo permitiría.

2 Es posible que este tipo de bromas no nos resulten muy graciosas, pero el chiste seguramente consiste ns mostrar lo risible y, a la vez, absurdo que sería que nuestro cuerpo, independientemente de nuestra mente, «decida» salir corriendo ante la perspectiva cierta de ser eliminado. La otra broma implícita se centra en señalar que, en realidad, el cuerpo no es capaz de llevar a cabo ninguna decisión (como decidir permanecer en la cárcel o huir), sino que ese tipo de actividad mental está reservada al alma. Para una discusión del pasaje de Platón recién citado, del sentido de la broma y del diálogo implícito con los filósofos de la naturaleza cf. Cleary (2013b: 157-158).

3 Desde luego que, como hacen notar Brickhouse & Smith (2010: 144), hay pasajes en los que Sócrates trata de humillar a su interlocutor a través de la ironía, la burla y el sarcasmo (probablemente, el propósito de Sócrates es hacer que su interlocutor cambie su creencia, pues «la experiencia displacentera de la vergüenza influye sobre el modo en que las personas actúan al inducirlas a cambiar sus creencias acerca de lo que es mejor para ellas»). Claro que éste no parece ser un modo muy «dialógico» de hacer que una persona cambie su modo de pensar, aunque a veces puede estar justificado por el hecho de que contra la ignorancia (entendida como estupidez) no hay argumento posible (sobre este detalle me permito enviar a Boeri (2016: 368-369) y a lo que sugiero en la sección final de este artículo).

4 «Sócrates» es una brillante construcción literaria y filosófica de Platón, un gran filósofo que no se limitó a *describir* la figura humana e intelectual de su maestro. Es posible que el Sócrates platónico contenga algunas características genuinas del Sócrates histórico, pero desde luego podemos sospechar que también posee rasgos que proceden del filósofo Platón. En este ensayo «Sócrates» es el personaje de los diálogos platónicos. Para la discusión de este espinoso tema cf. Kahn (1996: 71-95) y, más recientemente, Dorion (2011a, caps. II-V), quien suministra un detallado análisis de los «variados Sócrates» (el de Aristófanes, el de Platón, el de Jenofonte y el de Aristóteles; cf. también Dorion, 2011b).

5 Sobre este importante detalle cf. Brickhouse & Smith (2000: 63), mi discusión del «argumento del molusco» en el segundo apartado y el poder de ese argumento (que hace uso de un ingrediente burlesco) para neutralizar la arrogancia epistémica de Protarco.

6 En el *Simposio* Sócrates es gracioso y ridículo por el tipo de recursos argumentativos que usa (en *Gorgias* 490c8-d1 Calicles se queja de que Sócrates sólo habla de comida, bebidas, médicos y de tonterías: Περὶ σιτία, λέγεις, καὶ ποτὰ καὶ ἰατροὺς καὶ φλυαρίας. Él, en cambio, no habla de ese tipo de cosas, sino, presumiblemente, de cosas serias). En otros diálogos lo ridículo o gracioso de Sócrates es su aspecto: Platón a veces se encarga de contrastar el aspecto desalineado y vulgar de Sócrates con la elegancia de los sofistas; en *Simposio* 220b y *Protágoras* 335d hace notar el tabardo [τρίβων] que Sócrates suele vestir, a diferencia de la túnica o el manto [ἱμάτιον; χιτωνίσκος], una vestimenta más refinada, que suelen llevar quienes visten más elegantemente (cf. Platón, *Hipias Menor* 368c).

7 En el pasado ya he discutido este pasaje (Boeri, 2012: 49-53; 2016: 373-376), de modo que intentaré no repetirme y explicaré el texto de un modo resumido y poniendo el énfasis en otros detalles.

8 Enseguida discutiré cuál me parece que es el sentido del «no nos ablandemos».

9 La grafía «(a)parece» pretende reflejar el doble matiz (fisiológico y cognoscitivo) de la forma verbal φαίνεται (*Teeteto* 152b11).

10 La refutación del relativismo de Protágoras y del movimiento continuo de Heráclito constituyen ya una refutación de la tesis sensista de Teeteto sobre el saber (Platón sostiene que las tres tesis son idénticas; *Teeteto* 160d-e). Hay, sin embargo, otras objeciones a la posición sensista: (*i*) en ciertos estados patológicos severos (como locura, o casos de falta de conciencia, como el sueño), en los que la percepción es defectuosa [παραισθάνεσθαι, 157e3-4], la tesis sensista debe ser rechazada, ya que pueden producirse percepciones falsas para el sujeto y entonces resultará que las cosas no son como se aparecen a cada uno, sino todo lo contrario: nada es como parece ser (ver 157e-158a). (*ii*) Si para cada uno es verdadero lo que opina a través de su sensación, y si un sujeto no es capaz de discriminar mejor el estado afectivo en que se encuentra otro sujeto (ni, por tanto, es capaz de tener más autoridad para examinar la opinión verdadera o correcta de otra persona y sólo puede tener autoridad sobre las propias opiniones, que son todas correctas y verdaderas), no se entiende por qué habrá que aceptar que haya alguien sabio (ver 161d).

11 La tesis protagórea del «hombre medida» (152a2-4) también aparece en *Crátilo* 385e6-386a4. Para una discusión del argumento, presuntamente auto-refutatorio de Protágoras, véase Waterlow (1977: 20), quien se esfuerza por indicar que en ningún pasaje Platón muestra exitosamente que Protágoras esté comprometido a afirmar que lo mismo es al mismo tiempo verdadero y falso, y defiende la tesis de que la posición de Protágoras no necesariamente implica su contradictoria. Fine (1998: 204-207) se ha esforzado por mostrar las dificultades de una lectura relativista de Protágoras y propone enfatizar el hecho de que Platón en realidad se propone presentar a Protágoras como un infalibilista. Burnyeat (2012: 35-36), por su parte, ha sostenido que la tesis protagórea es una «doctrina de la verdad» y que su tesis es relativista en cuanto a la verdad; así, cuando Protágoras dice que una proposición es verdadera *para un sujeto* [ἑκάστῳ], significa que lo es a condición de que ese sujeto crea esa proposición.

12 Véase también Platón, *Crátilo* 386c-d, donde el argumento es que la posición de Protágoras es incompatible con la afirmación de que unas personas son inteligentes y otras no. Cf. también McDowell (1996: 158).

13 Un argumento parecido contra Protágoras aparece en *Crátilo* 386c6-d1: si existe la sabiduría [φρόνησις] y también la falta de sabiduría o necedad [ἀφροσύνη], Protágoras no puede estar diciendo la verdad. Pues si lo que a cada uno le parece es verdad *para cada uno*, nadie puede en verdad ser más sabio que otro. Una clave importante del presupuesto del argumento de Protágoras es, según Platón, que el ser de cada cosa es algo privado para cada persona (*Crátilo*

385e5). Éste es el modo en que Platón interpreta la tesis del *homo mensura* en el *Crátilo* (i.e. parecer-aparecer = ser), donde, al igual que en *Teeteto* 172b4-5, Platón sostiene que hay un ser fijo o seguro de las cosas (*Crátilo* 386a4).

14 Un importante detalle advertido y discutido por Balansard (2012: 65-70).

15 Aunque, como sabemos, es presentado por Platón como un geómetra (en el *Teeteto* y también en *Político* 266a6-7).

16 Sobre la «grandilocuencia» como una característica propia de los sofistas cf. Platón, *Gorgias* 461d-462a, donde el pronunciar largos discursos (la grandilocuencia) aparece asociado al hecho de hablar mucho sin por eso responder a lo que se pregunta. En este sentido, la grandilocuencia es lo opuesto al método dialéctico de preguntas y respuestas (ver también Platón, *Protágoras* 335a).

17 Para el contraste entre la retórica (el recurso propio de la sofística) y la filosofía cf. Canto (1987: 10-11, 14-15 y, especialmente, 22-25).

Referencias bibliográficas

BALANSARD, A., *Enquête sur la doxographie platonicienne dans la première partie du* Théétète, Academia Verlag, Sankt Augustin 2012.

BOERI, M.D., «Filosofía y Drama en el *Teeteto* de Platón», en Correa Motta, A. y Zamora J.M. (eds.), *Eúnoia. Estudios de Filosofía Antigua* (Un Homenaje a María Isabel Santa Cruz), Universidad Nacional de Colombia, Bogotá 2009, pp. 227-267.

BOERI, M.D., *Platón, Filebo*, traducción, introducción y notas de M.D. Boeri, Editorial Losada, Buenos Aires 2012.

BOERI, M.D., «Theaetetus and Protarchus: two philosophical characters or what a philosophical soul should do», en Cornelli, G. (ed.), *Plato's Styles and Characters*, Walter de Gruyter, Hildesheim-Zürich-New York 2016, pp. 357-378.

BRICKHOUSE, T. C. & SMITH, N. D., *The Philosophy of Socrates*, Westview Press, Boulder- Colorado 2000.

BRICKHOUSE, T. C. & SMITH, N. D., *Socratic Moral Psychology*, Cambridge University Press, Cambridge 2010.

BURNYEAT, M., «Protagoras and Self-Refutation in Plato's *Theaetetus*», en Burnyeat, M., *Explorations in Ancient and Modern Philosophy*,

Cambridge University Press, Cambridge 2012, pp. 27-47 [el capítulo es una reproducción del texto originariamente editado en *Philosophical Review*, 85, 1976, pp. 172-195].

CANTO, M., *Platon, Gorgias*, traduction inédite, introduction et notes par M. Canto, Flammarion, Paris 1987.

CLEARY, J. J., «Erotic *Paideia* in Plato's *Symposium*», en Dillon, J., & O'Byrne B. & O'Rourke, F. (eds.), *John J. Cleary. Studies on Plato, Aristotle and Proclus Collected Essays on Ancient Philosophy of John J. Cleary*, Brill, Leiden-Boston 2013, pp. 53-71.

CLEARY, J. J., «The Mathematical Cosmology in Plato's *Timaeus*», en Dillon, J. & O'Byrne, B. & O'Rourke, F. (eds.), *John J. Cleary. Studies on Plato, Aristotle and Proclus Collected Essays on Ancient Philosophy of John J. Cleary*, Brill, Leiden-Boston 2013, pp. 153-180.

DORION, L.-A., *Que sais-je? Socrate*, Presses Universitaires de France, Paris 2011a (2e. édition).

DORION, L.-A., «The Rise and Fall of the Socratic Problem», en Morrison, D.R. (ed.), *The Cambridge Companion to Socrates*, Cambridge University Press, Cambridge 2011b, pp. 1-23.

FINE, G., «Conflicting Appearances: *Theaetetus* 153d-154b», en Gill, C. & McCabe, M.M. (eds.), *Form and Argument in Late Plato*, Oxford University Press, Oxford 1996, pp. 105-133.

KAHN, C. H., *Plato and the Socratic dialogue*, Cambridge University Press, Cambridge 1996.

McDOWELL, J., *Plato, Theaetetus*, Oxford University Press, Oxford 1996 (1^a. ed. 1973).

SANTA CRUZ, M. I., *Platón. Gorgias*, introducción, traducción y notas de M.I. Santa Cruz, Editorial Losada, Buenos Aires 2013.

WATERLOW, S., «Protagoras and Inconsistency: *Theaetetus*, 171a6-c7», *Archiv für Geschichte der Philosophie*, 59, 1977, pp. 19-36.

Sobre los autores

Gregorio Luri Medrano es Licenciado en pedagogía y Doctor en filosofía. Autor, entre otros libros, de *El proceso de Sócrates* (Trotta, 1998), *Guía para no entender a Sócrates* (Trotta, 2004), *Introducción al vocabulario de Platón* (ECOEM, 2011, traducido al búlgaro), *¿Matar a Sócrates?* (Ariel, 2015). Ha comisariado para Caixaforum la exposición *Los tracios* (2005) y *Mediterráneo. Del mito al logos* (2014). Premio de ensayo Juan Gil Albert.

Xavier Ibáñez Puig es Doctor en Filosofía por la Universidad de Barcelona, con la tesis *Lectura del Teetet: Saviesa i prudència en el tribunal del saber* (2004). Premio Extraordinario de Doctorado. Investigador del Grupo EIDOS-UB. Ha publicado *Lectura del Teetet: Saviesa i prudència en el tribunal del saber* (Barcelona, 2007), así como numerosos artículos en revistas especializadas y libros colectivos dedicados a Platón, Stanley Rosen, la filosofía contemporánea y la filosofía de la educación. Autor de dos manuales de filosofía de bachillerato (editorial La Galera), es profesor de filosofía y subdirector del colegio Escola Sant Gregori de Barcelona.

Einar Monroy es Doctor en Filosofía Contemporánea y Estudios Clásicos por la Universidad de Barcelona. Magíster en Filosofía

Contemporánea por la Universidad de San Buenaventura, Bogotá. Filósofo de la Universidad Nacional Abierta y a Distancia. En la actualidad es Líder Nacional del Programa de Filosofía de la UNAD Colombia y Coordinador del Grupo de Investigación «Cibercultura y Territorio». Ha sido ponente en Congresos Nacionales (Universidad Santo Tomás, Universidad de San Buenaventura, Universidad del Cauca, UNAD) e Internacionales en países como España (Universidad del País Vasco y UNED), Grecia (Universidad Nacional y Kapodistríaca de Atenas) y Portugal (Universidad de Lisboa).

Javier Aguirre es profesor de Filosofía Antigua en la Universidad del País Vasco. Ha sido profesor en secundaria y profesor invitado en varias universidades americanas y europeas. Ha publicado numerosos artículos académicos y contribuciones a volúmenes colectivos, así como los libros *Filosofo presokratikoak* (2004), *La aporía en Aristóteles* (2007), *Aristotelesen* Metafisikari *sarrera* (2008), *Platón y la poesía.* Ion (2013) y *Dialéctica y filosofía primera. Lectura de la* Metafísica *de Aristóteles* (2015). Ha cotraducido textos clásicos griegos al euskara, entre los que destacan la *Metafísica* (1997) y la *Etica a Nicómaco* (2001). Ha coeditado *Racionalidad, Visión, Imagen* (2009) y *Diseñando el futuro. Reflexiones desde la Filosofía* (2011). Actualmente es el coordinador de ROLDE. *Revista de Cultura Aragonesa.*

Beatriz Bossi es Profesora Titular de Universidad en la Facultad de Filosofía de la Universidad Complutense de Madrid. Es miembro de la Junta Editorial de la International Plato Society, de la Editorial Brill para la Serie de Plato Studies, de la Revista Anales de Historia de la Filosofía (UCM) y de la Revista Limes (Chile). Autora de más de 50 artículos sobre la filosofía antigua, ha escrito *Saber Gozar: Estudios sobre el placer en Platón* (Madrid, 2008) y co-editado *Plato's Sophist Revisited* (Berlín, 2013).

Zbigniew Nerczuk es profesor en el Instituto de Filosofía de la Universidad Nicolás Copérnico de Toruń (Polonia). Sus intereses se centran en la filosofía griega y, especialmente, en Platón, el Movimiento Sofístico y el escepticismo antiguo. Es autor de dos monografías de los diálogos platónicos y ha traducido textos de Gorgias, Platón, Sexto Empírico, Diógenes Laercio, Tomás de Aquino, Pico de la Mirándola y H.-G. Gadamer. Su investigación está dirigida a reconstruir la dimensión histórica y literaria de las discusiones filosóficas, basándose en un análisis estructural, intertextual y lingüístico de los textos.

María Jesús Hermoso Félix es Profesora de la Universidad de Valladolid. Sus líneas de investigación tratan aspectos relacionados con la comprensión de la ontología y el conocimiento en la Filosofía Antigua, especialmente en el Neoplatonismo. Ha publicado numerosos artículos en revistas científicas y contribuciones a volúmenes colectivos, entre las que se encuentran «El Parménides de Platón y la comprensión del Uno en la filosofía de Plotino: ¿un olvido de Heidegger?» en Logos. Anales del Seminario de Metafísica (2016)y «La filosofía de Plotino: una metafísica de la imagen» en Anales del Seminario de Historia de la Filosofía (2014).

Daniel Salgueiro es becario FI en la Universidad de Barcelona y está escribiendo su tesis doctoral acerca del *Crátilo* de Platón bajo la dirección del Dr. Josep Monserrat. Es también miembro del grupo de investigación EIDOS (Hermenéutica y Platonismo). Anteriormente, se licenció en Filología Clásica con premio extraordinario y cursó el máster de Pensamiento Contemporáneo y Tradición Clásica en la misma universidad. Ha sido profesor de latín y griego en diversos centros de Cataluña.

Jonathan Lavilla de Lera es profesor adjunto en la Universidad del País Vasco y miembro del grupo de investigación EIDOS (Hermenéutica y Platonismo). Se Doctoró en Filosofía por la Universidad de Barcelona en el año 2014 con una tesis doctoral acerca del *Fedro* de Platón. Previamente obtuvo la Licenciatura en

Filosofía y el Grado en Filología Clásica en la misma universidad. Su trabajo de investigación se ha centrado principalmente en Platón, la sofística y la tragedia ática, temas sobre los que ha publicado numerosos artículos académicos.

Bernat Torres Morales es profesor del Departamento de Humanidades de la Universitat Internacional de Catalunya. Miembro de los grupos de investigación EIDOS (Hermenéutica y Platonismo) de la Universitat de Barcelona y del grupo SARX (Grupo Interdisciplinar en Antropología de la Corporalidad) de la Universitat Internacional de Catalunya. Su ámbito de investigación es la Filosofía Antigua (especialmente Platón), la Filosofía Política, así como la Antropología de la Corporalidad y de la Salud. Entre sus principales publicaciones encontramos la traducción de *Eric Voegelin–Leo Strauss. Fe y filosofía. Correspondencia 1934-1964* (Madrid, 2009), o el artículo «Platón en la relación intelectual de Eric Voegelin y Leo Strauss» (*Anales Del Seminario De Historia De La Filosofía*, 2011), así como también «Raó, cos i cosmos. Un estudi sobre la corporalitat en el pensament platònic» (*Convivium*, 2017).

Marcelo D. Boeri es profesor de Filosofía en la Pontificia Universidad Católica de Chile. Ha sido profesor en otras Universidades (chilenas y argentinas), Investigador Independiente del Conicet (Argentina), Fellow del Center for Hellenic Studies (Harvard University) y de la John Simon Guggenheim Foundation (USA). Fue miembro del Editorial Board de los International Plato Studies (auspiciados por la International Plato Society). Sus intereses se centran en problemas epistemológicos y de psicología moral en Platón, Aristóteles y el estoicismo. Ha publicado traducciones anotadas de Platón, Aristóteles y el estoicismo, así como artículos en revistas especializadas y capítulos de libro en volúmenes colectivos de Iberoamérica, USA, Japón y Europa.

www.ingramcontent.com/pod-product-compliance
Lightning Source LLC
Chambersburg PA
CBHW032127160426
43197CB00008B/545